KB274322

적응능력 향상을 위한
공간 활동
프로그램

이혜경 · 김경란 공저

적응능력 향상을 위한

공간 활동 프로그램

이담 Books

머리말

　극지방에 사는 사람들은 눈과 얼음으로 덮인 곳에서도 집을 찾아갈 수 있으며 바닷가를 생활 터전으로 하는 원주민들 중에는 특별한 항해도구가 없어도 별과 바람을 나침반 삼아 먼 항해에서 안전하게 가족 품으로 돌아올 수 있다. 이들은 자신이 생활하면서 경험한 내용을 바탕으로 자신이 지금쯤 어디에 있는지 가늠하고 추론해 보는 과정을 겪으며 공간과 관련한 지식을 습득한다.

　인간은 본능적으로 자신이 태어난 곳에 대한 경험을 바탕으로 인식의 세계를 넓혀 간다. 어디에서 태어났으며 내 주변을 둘러싸고 있는 물체들은 어떻게 구성되어 있는지를 궁금해한다. 이러한 앎의 과정을 통해 공간에 대한 능력을 길러 가는 것이다. 특히 유아들이 알아야 하는 공간은 시각적으로 볼 수 있는 곳에서 자신의 몸이 닿는 곳, 가정과 유아교육기관, 동네, 나라, 세계 여러 나라 등으로 확장된다.

　공간능력과 관련된 연구를 하며 공간이라는 개념의 광범위함과 그 쓰임의 다양성에 대해 놀라고 연구자의 부족을 한껏 느낄 수 있었다. 거리를 가늠하거나 간격을 고려하는 일, 건물의 구조를 보고 인식하는 일 등은 일상생활에서 늘 경험하는 공간과 관련한 일이다. 만남의 장소를 결정하고 그 장소에 갔을 때 서로 다른 곳에서 기다린 것과 같이 공간과 관련된 여러 가지 문제들은 다른 사람과의 관계에서 한 번쯤 경험해 본 흔한 일이기도 하다.

수학교육의 전 내용을 다루지 않고 특정하게 공간과 관련된 분야만 이야기를 하는 것에 대한 만류에도 불구하고 이 책을 준비하게 된 것은 유아교사들과의 만남을 통해 공간과 관련된 활동에 대한 인식도 부족하지만 실제로 공간에 대한 활동거리도 충분히 제시되지 않고 있다는 생각 때문이었다.

그리하여 이 책에서는 공간능력이 담고 있는 다양한 의미에 대해서 살펴보고 유아들의 발달과정, 각 교과와 관련된 부분을 살펴보았다. 무엇보다도 유아들과의 실제 수업현장에서 활용할 수 있도록 실제 내용을 많이 포함하였다. 실제 활동 부분은 주제에 따라 변형이 가능하고 다양한 활동으로 응용하는 바탕이 되기를 바라는 마음이다.

마지막으로 약속을 한 후 많은 시일이 지났음에도 인내심으로 기다려 주신 출판사분들과 활동 편을 담당해 주신 김현숙 선생님, 그림을 그려 준 임해림, 김지현 친구들에게도 감사의 말을 전한다.

2010년 1월
저자 일동

목차

I 들어가면서

영아들은 누워 있을 때도 자신의 주변 세계에 대한 탐색을 시작한다. 귀를 통해 들리는 소리의 차이를 변별하고 자신이 누워있는 곳으로 가까이, 멀리 오가는 사람들의 얼굴과 모습을 살핀다. 발소리의 크기를 통해 얼마나 가까이 왔는지 가늠하고 소리를 들으며 사람이 있는 방향으로 몸을 움직일 수 있다.

영아들의 공간에 대한 감각은 일상생활과 장난감을 만지는 행동, 숨바꼭질과 같은 게임 등에서 엿볼 수 있다. 이러한 능력은 자연발생적으로 길러지는 것이기도 하며 또한 다른 사람과의 상호작용을 통해서 배워 가는 과정의 성격을 띠기도 한다.

<그림 Ⅰ-1> 상자 공간의 크기를 고려하여 카드 방향을 바꾸는 유아

유아들은 3차원의 공간 속에 태어나고 공간 속에서 물리적 환경, 대상, 물체와 접촉하며 여러 문제해결 과정을 거쳐 세상을 살아가는 방법을 배워 간다. 인간을 둘러싸고 있는 공간은 의식적으로 인식하는 순간에도 혹은 무의식적으로 행동하는 일상생활에서도 매 순간 인간의 사고와 행동에 영향을 미치며 문제해결 전략과 밀접하게 연관되어 있다. 따라서 공간은 인간이 살아가는 삶의 터전임과 동시에 다양한 감각적 경험을 통해 적응해야 하는 대상이기도 하다(Newcombe & Huttenlocher, 2003; Tejeda, 2000).

공간에 대한 인식은 어떻게 시작되는 것일까? 영화의 한 장면처럼 우리 각자 개인일 때는 매우 크게 느껴지지만 보는 관점을 멀리하여 나를 둘러싼 작은 공간에서 점차 하늘로, 지구로, 우주로 시야를 넓히면 우리는 너무나 작은 한 점에 불과하다. 공간에 대한 인식은 여러 감각의 작용으로 이루어지지만 주로 시각이라는 감각을 통해(Del Grande, 1987) 사물을 봄으로써 사물 간의 인접, 분리, 순서, 포함 등 상대적인 간격을 알게 되는 과정을 통해 이루어진다. 공간을 인식하는 행위는 대상이나 장소들에 대한 상대적인 가치로, 장소들을 분리시키거나 연결시키는 거리 또는 영역을 통해 다양하게 경험하는 것(김진도, 1999)이다. 그러나 사물을 보지 않고도 접촉을 통해 대상의 질감만이 아니라 크기나 모양의 기하학적인 특성을 알게 되며 소리를 통해서도 크기와 거리에 대한 감각을 강하게 전달받을 수 있다. 공간이란 인간이 지닌 감각과 움직일 수 있는 능력에 의해 주어지고, 그 움직임이 멈추게 되면서 형성되는 장소라는 개념이 파생되어 삶의 바탕이 된다. 그리하여 사람들은 성장하면서 공간에 대한 수천 가지의 암시를 습득하고 모두 저마다의 맥락에서 나름의 의미를 지닌 공간을 창조하게 된다(Hall, 1959/2005).

틈, 빈 공간, 또는 허공이라는 단어를 연상케 하는 '공간'이라는 단어를 통해 우리는 대상경험이나 자연과학의 직관적 공간뿐만 아니라 행위공간과 심리학, 예술, 문학 등의 체험공간, 정서공간도 함께 생각한다(Höffe, 1983/1997). 이렇게 다양한 의미를 지닌 공간은 인간의 삶과 어떤 연관성을 지니는가? 인간은 태어나면서부터 공간에 속하게 되며 이와 동시에 공간은 시간과 함께 인간 인식의 근원으로서 많은 철학자들의 사유의 대상이었다(Ness, 2001). 공간의 존재와 성질에 관한 논의는 우리가 살고 있는 세계는 무엇인가, 무엇으로 구성되어 있는가에 대한 고대 철학자들의 의문으로부터 시작되어 해석기하학을 통해 근대 철학을 이끈 Descartes, 공간의 인식체계를 선험적인 것으로 단정하여 인간의 삶 속으로 공간논의를 끌어들인 Kant, 철학적 사고를 과학적인 절대공간의 개념으로 설명한 Newton, 상대성의 원리를 통해 공간은 단일하며 보편적인 것이 아니라 다원적이며, 상대적임을 증명한 Einstein에 이르기까지 계속되어 왔다.

Euclid 기하학을 기본 전제로 한 연속적이며 통일적인 절대 공간론은 근대까지 2,000여 년간 우리의 사고를 지배해 왔으나 20세기에 들어 그 아성이 무너지면서 문학, 예술, 심리, 사회학 등의 분야에서 다원주의, 상대성원리, 다차원적 사고를 바탕으로 공간에 관한 다양한 관점을 발생시키게 되었다. 이러한 바탕에는 자신의 신체를 중심으로 하는 현상학의 영향도 있으며,

공간이 실체로서가 아닌 관계적인 개념으로 변화되었기 때문이기도 하다. 관계를 나타내는 위, 아래, 안, 밖의 공간 의식을 결정하는 것은 자신의 신체를 중심으로 해서 인식되고 분절되는 것으로서 결코 객관적인 것이 아니다(이어령, 2000). 그리하여 생물학자들은 동물마다 서로 다르게 나타나는 공간지각에 관해 연구했으며, 사회학자들은 문화마다 다르게 표현되고 인식되는 공간조직을, 화가들은 원근법적인 공간에서 벗어나 대상을 여러 시점에서 보이는 모습으로 공간을 재구성하였다(Kern, 1983). 결국 공간을 인식하는 것은 주관적, 관계적인 성격을 띠므로 유기체가 공간을 통해 어떠한 경험을 하느냐가 중요한 것이다.

공간에 대한 인식이 주관적인 성질을 가짐으로써 공간은 실질적으로 인간 삶의 분야에서 다양한 의미를 지니게 되었다. 사전에서 살펴본 일반적인 개념으로 공간은 아무것도 없는 빈 곳, 혹은 물리적으로 심리적으로 널리 퍼져 있는 범위, 영역이나 세계를 이르는 말, 물리학적 측면에서는 물질이 존재하고 여러 가지 현상이 일어나는 장소를 말한다. 수학적으로는 n차원 공간과 위상공간을, 철학에서는 시간과 함께 세계를 성립시키는 기본형식, 또는 말이나 글에서 앞뒤가 순조롭게 이어지지 않아 생긴 빈 곳을 이르는 말(표준어국어대사전, 2002)로 철학, 수학, 물리, 미술 등 여러 분야에서 다양한 의미로 쓰이고 있음을 알 수 있다.

3차원의 공간 안에서 물체 간의 관계를 이해하고 조작하는 공간능력은 물체 간의 역학적 관계를 진술하는 물리, 분자구조와 변화를 다루는 화학, 형상의 구성과 배치에 따른 심미감을 추구하는 디자인, 일상생활의 문제해결 전략으로 사용되는 수학, 사회 구성원 간의 상호작용의 방식과 공간으로부터의 경험을 정의하는 사회학 등에서 모두 유용하다. 즉 공간능력은 공간적 이미지의 조작능력이 요구되는 생물학, 화학, 물리학, 지구과학과 같은 과학 기술 분야에서 필요하고 수학, 미술, 그래픽 모델링, 지리학 등에서 과정적 기술로 중요시되며(이경우, 신은수, 진명희, 홍혜경, 1997; Ben-Chaim, Lappan, & Houang, 1988; McArthur & Wellner, 1996; Owens, 1990), 3차원 공간에서 매일의 일상을 영위하는 데 필수불가결한 것이다.

유아에게 있어서 공간능력은 주변 세계를 이해하고 해석하며 평가하는 데 필수적이다(National Council of Teachers of Mathematics: 이하 NCTM, 1989). 공간능력은 공간적 구조에 관해 철학적으로 또는 수학적으로 사고하는 것 같은 높은 수준의 사고활동뿐만 아니라 공간적으로 위치한 물체를 언어적으로 설명하고, 축구선수가 골대를 향해 공을 차고, 길의 상징과 기호를 이해하며, 야채를 분류하고 차 트렁크에 커다란 물체를 정리해 넣는 것과 같이 일상적인 것이다(Kennedy, Tipps, & Johnson, 2004; Newcombe & Huttenlocher, 2003; Smith, 2006). 따라서 유아들의 공간능력은 일상생활을 통해 향상을 도모할 수 있으며, 이러한 능력을 증진하는 것은 추후 유아가 접하게 될 다양한 학문적 소양과 직업을 선택하는 기초로서도 매우 중요한 요소라 할 수 있다.

공간능력의 주요 특징을 알아보면 다음과 같다.

첫째, 공간능력은 다양한 능력을 내포하고 있으며 다양한 형태를 띠게 된다(Levinson, 2003). 즉 감각적으로 형태를 파악하고, 나와 다른 사람의 관계에서 신체의 위치를 결정하고, 공간을 항해하며, 물건에 닿기 위해 팔을 뻗치는 행동, 공간관계에 관해 의사소통하는 과정 등에서 찾아볼 수 있다. 이러한 행위들 속에 내포된 의미에서 유아의 공간능력이 환경에 적응하는 데 필수적인 요소임을 상기해 볼 때, 공간능력은 물리적인 공간의 특성에 알맞은 적절한 행동을 할 수 있다는 의미를 내포하고 있다. 물리적인 공간은 그 자체로 존재하여 모든 이들에게 같은 의미를 주는 것이 아니라 구성원들에 따라 부여되는 의미가 달라지고 그에 따라 기대되는 행동도 달라진다. 그러므로 공간에서 요구되는 적절한 행동이 무엇인지, 물리적으로 구성된 공간의 크기, 상징, 기호 등의 의미가 무엇인지 파악할 필요가 있다. 추상적인 개념으로서 기하는 문화와 관계없이 공통적이지만 지리나 건축물을 통해 나타나는 기호, 상징, 거리감각, 방향을 나타내는 어휘 등과 같은 환경적 속성들은 사회문화적 특성을 반영한다. 이러한 바탕에는 공간인식의 주관성과 다양한 관점의 철학이 자리하고 있으며, 인류학, 사회학적 관점에서 공간을 바라본 Hall, Tuan, Kern과 같은 학자들은 인간의 행동양식이 공간을 지각하는 행위, 역사, 문화, 구성원과 밀접하게 연관되어 있음을 지적하고 있다. 즉 공간을 이루는 요소와 공간에 어울리는 행위들은 사회문화적인 바탕 위에서 다루어지고 이해되어야 한다는 것을 의미한다.

둘째, 공간능력은 여러 학문과 통합적으로 운영할 수 있는 광범위한 개념이다. 미술교과에서는 그리기와 기저선, 회화적인 공간감이 연관되어 있으며, 신체발달은 눈과 손의 협응을 비롯하여 방향을 인식하고 움직이는 지각운동적인 발달과, 언어는 공간적 어휘와 함께 읽기, 쓰기와도 관련이 깊다. 또한 과학에서 공간은 수학과 함께 다룰 수 있는 공통적 내용 요소이며 지리는 공간적 특징의 집합적인 성격으로서 공간능력이 필요하다. 이러한 근거에서 연구들은 미술활동과 수학을 통합한 연구(이정욱, 2003; 정정희, 최효정, 박춘희, 2005; 한유미, 2002; Biller, 1995; Morgan, 1998), 신체와의 연관성을 밝힌 연구(김용직, 2003; 김희선, 2005; 황순각, 2000), 공간지각과 물리적 지식활동과의 관련성을 밝힌 연구(홍혜경, 2005; Berlin - White, 1993, 1995), 수학의 공간능력과 언어와의 관련성을 보고한 연구(박경현, 1987; Codd & Bialystok, 1985; Stockman & Vaughn - Cooke, 1992), 공간능력과 지리적 조망능력과의 관련성을 살핀 연구들(김혜연, 2004; 최낭수, 2001; 한승숙, 2002)이 있다. 이러한 연구결과들은 공간능력이 과학, 지리, 언어, 미술 등과 밀접히 연관되어 있다는 주장들(고은아, 1995; Charlesworth & Lind, 2003; Kohl & Gainer, 1996)을 뒷받침한다.

즉 유아의 공간능력은 지도, 길 찾기 등의 일상 활동에 유용할 뿐만 아니라 기하, 수, 측정 및 다른 수학영역의 학습과 동작활동, 언어활동, 미술활동 등의 다른 학습과도 밀접히 연관되어 있다(정정희 외, 2005; Andrews, 1996). 관련된 것끼리의 관계를 인식하고 다양한 관점에서 생각해 볼 수 있도록 하여 정보를 맥락화하고 스스로 구조화할 수 있도록 해야 한다는 구성주의적 입장(김유미, 2006)에 비추어 볼 때, 유아의 공간과 관련된 의미 있는 학습을 도모하는 연구의 방향이 한 가지 방법이나 특정영역을 중심으로 이루어진다는 것은 바람직하지 못하다. 공간이라는 요소는 수학뿐 아니라 유아기에 다루어지는 모든 교과안에 포함되어 있으며, 다만 그 형식에 있어서 표현되는 방식의 차이를 보이고 있을 뿐이다. 따라서 공간 개념은 수학영역에서뿐 아니라 다른 영역으로의 자연스러운 전이가 필요하다(Copley, 2000). 표현방법이 다르다는 것이 개념의 기본적인 특성을 변화시키지 않는다는 Bickley-Green(1995)의 주장에 비추어 본다면 공간이라는 요소는 모든 교과안에 포함되어 있으므로 통합하여 교과의 특성을 살리면서 공통의 개념을 다루는 것이 가능하다고 볼 수 있다.

최근 Golebeck(2005)은 유아에게 있어 공간은 일상적인 삶을 둘러싼 총체이며 공간과 관련한 여러 학문 분야는 모두 상징적인 기호를 사용한다는 측면에서 교사들은 유아가 감각을 기르고 그림, 모델, 그래프, 지도, 다이어그램을 그리는 것을 지원하며 공간적인 소양(spatial literacy)을 기르도록 해야 한다고 하였다. 따라서 유아들은 통합적 접근을 통해 공간적인 문제 상황들을 인식하고 기하도형을 익히고 공간을 표상하는 능력을 기르며, 시각적으로 표상화된 상징과 기호들의 의미를 이해함으로써 공간인식을 향상시킬 수 있을 것이다.

셋째, 유아는 태어날 때부터 3차원의 공간을 탐색하고 경험하는 과정을 통해 공간능력이 발달하므로 유아에게 제공되는 공간 활동이 2차원의 활동을 중심으로 이루어지는 것보다는 3차원의 입체물과 공간적 관계의 활동을 중심으로 구성되도록 하는 것이 중요하다(Bruni & Seidenstein, 1990; Fuys & Liebov, 1993; Smith, 1997; 홍혜경, 1999에서 재인용). 그러한 이유로 컴퓨터프로그램을 활용한 3차원의 공간을 제공하여 그 효과를 보고자 하는 연구들이 활성화되고 있다. 컴퓨터 프로그램이 공간능력을 향상시키는데 좋은 매체이기는 하나, 유아가 실제 접하는 공간과 컴퓨터 프로그램상의 모델과는 많은 차이를 보인다. 유아기의 공간능력은 실질적으로 생활하는 공간에 대한 이해를 돕는 방향으로 이루어져야 한다. 따라서 공간능력에 관한 활동은 구체적 물체의 특성이나 현상과 관련된 관계를 포함하며 경험적이고 활동중심적인 접근을 통해서 이루어지는 것이 바람직하다. 이런 측면에서 하나의 단일한 교과를 통하거나 혹은 같은 유형의 학습과정을 반복하는 것보다는 보다 통합적이면서도 실제 공간을 탐색하는 과정을 통해 공간과의 관계성을 형성하는 방향에서 접근하는 것이 필요하다고 본다.

그러나 공간 활동이 본질적으로 유아의 생활과 밀접하게 관련되어 내적인 흥미를 이끌어 내기에 충분함에도 불구하고 교사들은 공간 활동을 어렵게 느껴 실제 현장에서는 거의 실시하지 않고 있다(박찬옥, 김영옥, 정미라, 1997; 이정희, 이지현, 2004). 간혹 수업과정에서 다루어진다 하더라도 모양에 대한 정의만을 중심으로 하고 형태의 조작이나 공간 탐색은 경시하는(Copley, 2000) 등 매우 제한적으로 이루어지고 있다(나귀옥, 박현숙, 2004; Clements, 1998; Wheatley, 1990). 이를 고려해 볼 때 공간능력을 향상시키기 위한 방법으로 특별한 시간과 활동을 구성하는 것이 아니라 일상적인 주제 중심의 운영에서 다룰 수 있는 다양한 관련활동을 구성하는 것이 바람직하다고 생각된다. 따라서 유아 중심적인 생활주제를 진행하며 공간적인 요소를 교육과정안에 포함하는 것이 필요하다고 하겠다.

종합하여 보면 유아들이 갖추어야 하는 공간능력은 물리적인 공간의 크기, 모양, 방향 등의 특징을 파악하는 과정과 공간에 적절한 행동양식을 알아 가는 과정, 이렇게 파악된 공간관계를 정신적으로 조작할 수 있는 능력을 의미한다고 볼 수 있다. 유아가 태어나 접하는 물리적 공간은 이미 사회문화적으로 구성원들의 역사와 함축적 의미에 의해 사회적인 공간으로서 주어진 것이다. 따라서 공간에 적절한 행동과 공간적인 상을 형성할 수 있도록 한다는 것은 물리적 공간의 사회적 의미를 파악하는 과정이 될 것이다. 이를 위해 유아들이 또래, 기관, 사회에서 사회문화적으로 구성되어 제시된 공간을 인식하고 개념화하는 활동과 더불어 자신들만의 의미 있는 공간을 형성하고, 생활하던 공간에서 새로운 의미와 구조를 발견하고 행동하는 양식을 이해하도록 해야 한다.

또한 공간능력이 미술, 과학, 동작 등 교육의 여러 형태로 표현되기도 하고 활용되기도 하기 때문에 통합적으로 함께 다루는 것은 당연한 것이다. 따라서 실질적으로 공간을 탐색하고 공간에 대한 이해를 동작, 차트, 다이어그램, 지도 등의 상징과 표상을 통해 공간능력을 향상시키도록 하는 노력이 필요하다고 볼 수 있다.

 공간담론

인간을 둘러싼 세계와 우주에 관한 탐구심은 '공간은 무엇인가?', '우주는 무엇이며 무엇으로 만들어졌는가?'에 대한 고대 철학자들의 논쟁을 이끌어 냈다. 고대 원자론자들은 세계의 변화와 운동을 설명하는 원리로 사물과 사물이 놓여 움직이는 무한 연장으로서의 허(虛) 공간을 주장했다. 이러한 주장은 허 공간성이라는 비물질적 존재를 실제 존재로 인식하도록 하는 단서를 제공했다. 허공간의 논리를 수용할 수 없었던 Aristotle은 Platon의 물질(matter) 개념을 바탕으로 실재의 본성에 대한 명확한 견해를 보였다(Barnes, 1982/1989).

범주론을 기초로 하여 Aristotle의 생각을 살펴보면 공간은 '분량'의 범주에서 찾아볼 수 있다. 분량의 속성은 선, 면, 입체, 시간, 공간과 같은 '연속적인 것'과 말(speech), 수(number)와 같은 '이산적인 것'으로 나뉜다. 연속적인 것과 이산적인 것의 차이는 공유하는 경계 유무인데, Aristotle은 공간에 있어서의 공유경계를 '장소(Topos)'로 보고 있다(유재민, 1998). '장소(Topos)'에 대한 현대적 해석은 공간 혹은 장소라는 개념은 독립적인 존재가 아니라 물성에 따른 상대적 기준계(system of reference)라는 개념과 물체들로 하여금 움직이고 머물게 하는 능동적 영향력을 발휘하는 것으로서 힘의 장(field of force)과 그 근원을 같이한다는 두 가지의 의미로 나누어진다.

위와 같은 현대적 해석을 통해서 Aristotle의 장소관은 공간이 운동하는 물체의 지역공간이며, 지역공간은 물질들의 공간적 분포에 따라 주어지는 것으로서 현대 상대성이론의 장(Field)의 개념과 기준계로부터 거리적 위치라는 개념을 통해서 계측기하학의 시초(김국태, 1996; 오채환, 1989)가 되었다.

근대 철학의 모태로 여겨지는 Descartes는 '연속적인 충만한 공간'을 주장함으로써 Platon과 Aristotle를 계승하였고, Platon의 "공간이 무정형의 물질로 채워져 있다."는 입장을 변형하였다. Descartes는 공간의 본질로 연장 개념을 도입하였는데 '연장'은 이성적 사고활동이 인식하는 물질적 세계의 실체이며, 사물과 공간의 본질이고, 양과 차원을 정의하며, 연장된 대상물체와 분리되지 않고 거리의 측정까지 연관되어 있다. 이와 같은 Descartes의 견해는 자연학이 수학으로 환원되는 계기가 되었다(홍우람, 2001). Descartes의 해석기하학은 공간적 관계들에 적용된 대수학으로서 Euclid 기하학의 선이나 원 등을 대수적인 방정식으로 나타낼 수 있는 방법으로 모든 운동들의 궤적을 통해 운동의 방정식을 산출할 수 있게 되었다. 또한 형태와 성질이 사라진 이러한 공간은 텅 빈 공간이 되고, 그리하여 무언가가 그 중 한 점을 차지할 자리로서 표상되며 관계와 변화를 파악하는 기준으로서 절대적인 성격을 갖게 된다(이진경, 2000). 고대 기하학이 도형에 관한 학문이었다면 Descartes에 이르러 공간을 좌표체계로 표현하여 도형이 수로 환원됨으로써 근대 과학의 공간을 '수학적 공간', '추상적 공간'으로 전환하게 되었다(유은복, 2000). Descartes의 절대공간이라는 관념은 Newton과 Kant는 물론이고

대부분의 과학자, 철학자들에게 초월적 전제로서 작용하게 된다.

공간에 관한 논의의 관심이 공간 존재를 증명하기보다는 현상을 기술하는 방향으로 전환됨에 따라 운동기술의 엄밀성과 객관성이 중요시되었다. Newton은 공간에 대한 과학적 엄밀성을 충족시키기 위해 'Euclid 기하학'을 채택함으로써 공간의 특성이 무한하고, 등질, 등방, 연속적인 동시에 감각 불가능한 것으로 구체화시켰고, 객관성을 충족시키기 위해 '절대 기준계'를 채택함으로써 절대정지와 절대운동의 개념을 낳았다(오채환, 1989).

Kant는 공간을 과학적으로 구체화하려 했던 Newton의 공간이론을 비판하면서 공간이론을 검토하기 시작하였다(오영목, 1999). Kant는 "공간과 시간은 감각적 대상들 사이의 관계로부터 결과가 도출되는 것이 아닌 원초적 개념들이기는 하지만, 그 자체로 있는 실재에 상응하는 것이 아니라 우리 감성의 근본적 조건들이고 우리가 사물을 직관하는 방식인 것이다."라고 주장(황순우, 2001; Rovighi, 1963/2004)함으로써 공간을 감성의 형식으로 개념화하게 되었다. 이러한 Kant의 견해는 공간 개념을 이전경험 없이도 본질적으로 주어진 이상적인 것으로 보았던 Descartes의 입장, 공간은 이상적인 것이 아니라 감각을 통해 현실세계에서 경험되는 것으로 보았던 Berkeley의 입장과는 다른 것이다. 그는 공간은 외적 직관의 토대를 형성하는 순수 직관에 근거하여 유아를 둘러싼 현상들에 대한 경험과 노출을 통해 유아에 의해 구성되어 가는 것으로 보았다.

인식의 가능 근거를 인간의 주관에서 찾고 그 위에서 형이상학을 추구했던 Kant-Hegel로 이어지는 선험철학은 19세기에 이르러 분화과정을 겪게 된다. 선험철학과 달리 인식의 가능성을 담론들 자체의 구조, 역사적 전개과정에서 찾고 그 위에서 사회철학을 추구하는 실증적 철학으로서 Comte의 뒤를 잇는 현대의 구조주의, 다원주의 철학이 등장한 것이다(최현주, 1998).

고대에서 19세기까지 철학적인 바탕이 되었던 공간 인식에 관한 논의의 주요 쟁점을 정리해 보면 다음과 같다.

〈표 Ⅱ-1〉 공간 논의의 주요 쟁점

연대	인물	주요개념	기여점	비고
B.C.460 – B.C.370	고대 원자론자	• 허 공간, 장소와 공간은 물체와 분리 가능한 연장이다.	• 유물론자들이었음에도 불구하고 허 공간이라는 비물질적 존재를 논의의 대상으로 삼음.	공간 논의 시작
B.C.428 – B.C.347 (?)	Platon	• 모사체의 생성과 변화가 일어날 수 있는 터(arena)로서 공간이 필요하다. • 공간은 감각적 사물의 원형적 생성원리이며 공간을 채우는 것은 형상이 결여된 물질이다. • 현실적으로 존재하지 않는 이상체이다.	• 허 공간을 부정. 물질 개념을 도입함으로써 충만한 공간관의 계열을 형성함.	'물질' 단서를 제공
B.C.384 – B.C.322	Aristotle	• 공간은 연속적인 양이며 실재의 본성은 물, 불, 흙, 공기이다. 각각은 본성에 충실한 위치를 점유한다.	• 시간과 공간은 무한히 분할되며 운동한다는 시간과 공간에 관한 이론 제시.	인간 중심의 과학
1596 – 1650	Descartes	• 공간은 물체와 분리할 수 없다. • 세계는 무한한 연장을 가진다. • 텅 빈 공간, 어떤 진공도 존재하지 않는다.	• 공간을 대수적 수로 환원하고 기하학이나 공간에 관한 특징을 산술화함. • 근대과학의 공간을 수학적 공간, 추상적 공간으로 구축	기계론적 세계관
1643 – 1727	Newton	• 공간은 단순한 논리적 구성물도 아니고, 대상이나 물체들로 환원될 수도 없다. • 공간은 일체의 물체들뿐만 아니라 일체의 주관까지도 포함하는 절대적 용기이다.	• 시간과 공간을 절대적인 것으로 간주. • 모든 과정과 운동을 연속적인 것으로 보아 고전 역학의 기초를 마련함.	객관적 과학
1724 – 1804	Kant	• 공간은 시간과 함께 선험적인 것이다. • 공간은 외적 경험에서 끌어내어진 것이 아니다. • 경험이 개별적인 공간적 대상을 경험함으로써 추상되어 도출된 경험적 관념이라는 견해를 반박한다.	• 공간을 인식론으로 이끌어 냄.	선험적 공간
1879 – 1955	Einstein	• 시간과 공간이 독립적인 것이 아니라 상호 연관되어 있다. • 정지계의 사람과 운동계의 사람의 시간은 다르다. • 공간과 시간은 광속을 매개로한 상대적인 존재이다. • 공간은 그것 내에 있는 대상의 크기, 모양, 무게와 상호 작용한다. • 대상의 한 면이 동시에 파악된다.	• Euclid 공간의 1차원적 깊이가 사라짐. • Newton의 절대공간을 부정. • 인과법칙에 관한 철학적 관점을 변화시킴.	다관점 중시 상대주의

Einstein의 상대성이론으로 시작된 20세기 물리학 개념의 변화의 내용은

우주가 분리된 객체로 구성된 것이 아니라 분할할 수 없는 전체라는 것이다. 거기에는 역동적인 관계의 그물로 짜여 있으며 그 그물 속에는 관찰하는 인간의 의식까지도 포함되어 있다(유은복, 2000). 이러한 상대성이론의 영향으로 20세기의 세계관은 상대성, 불확실성, 인식주체에 따른 다차원적 사고로 변화하게 되었다.

이에 따라 현대 철학의 대표라 불리는 포스트모더니즘은 인식과 실천에서 합리적, 이성적이라는 사고방식, 특히 형이상학적 형태의 체계적 지식이나 통합적 관심을 거부하며 이성 대신에 감성을, 논리 대신에 직관과 상상력을, 객관성 대신에 주관성과 다원성을 새로운 가치로 보고 있다(김국태, 2005; 조명래, 1996). 19세기 후반부터 시작된 이런 주관성, 다원성, 다차원에 대한 생각들은 공간을 표상하는 절대적인 체계인 Euclid 기하학에 대한 도전이었으며 이제 절대적인 공간이 아닌 공간 속에서 존재하는 존재 자체와 그 공간을 지각하는 양식에 관심이 쏠리게 되었다.

공간의 다양성과 신체를 중심으로 한 다차원에 대한 연구는 물리학자, 철학자, 사회학자, 심리학자들 모두 관심을 갖는 분야가 되었으며 공간의 주관성과 공간을 지각하는 주체와의 상호 관계성을 통한 변화에 주목하였다.

물리학자, 수학자로서 차원에 대한 연구를 시작한 Poincaré(1901)는 공간에 대한 감각 장치가 어디냐에 따라 시각 공간, 촉각 공간, 운동 공간으로 구별하였다. 물체의 위치가 변경되면 형체 자체는 그대로지만 시각적으로, 관찰자의 위치에 따라 그 형체가 커지기도 하고 작아지기도 한다. 또한 어떤 근육이 사용되느냐에 따라 공간에 대한 지각이 달라지므로 우리가 가진 근육의 수만큼 다른 공간이 존재한다고 보았다. Mach(1901)도 감각기관마다 서로 다른 감수성 및 반응시간에 따라 시각 공간, 청각 공간, 촉각 공간을 구별하였다. 이렇듯 공간을 감각에 따라 구분하는 것은 기하학 공간이 자연스럽게 전개되어 갈 수 있는 토대가 되어 다른 분야에서의 공간에 관한 관심이 증가되는 계기가 되었다(Kern, 1983).

근대의 이론적, 추상적인 공간을 비판하는 관점에서 철학자들도 다양한 공간의 유형을 제시하였다. Kant의 철학을 계승한 독일의 분석철학자 Cassirer

(1944/1988)는 공간의 참된 성격을 알기 위해 문화의 여러 형태를 분석하는 것에 초점을 두고 활동적 혹은 감각 운동적인 유기적 공간, 지각적 공간, 상징적 혹은 명상적인 추상적 공간으로 나누었다. 유기적 공간은 갓 태어난 동물들이 공간적 거리와 방향에 대해 매우 능숙하고 정확한 감각을 지니고 있는 것처럼 환경 속에서 살아남기 위해서 새로운 환경에 적응하도록 하는 것이다. 지각적 공간은 보다 복잡한 성질을 가지고 있으며 시각, 청각, 촉각, 운동감각과 같은 여러 종류의 감각과 연관되어 있다. 추상적 공간은 가장 높은 수준으로 인간과 동물을 구분 짓는 잣대가 되며, 모든 인간이 소유하고, 추상적 태도에서 생각하고 구체적 참조나 다양한 조작이 없는 것이다.

문화인류학자 Hall(1959)은 현대 사회에서 갈수록 심각해지는 서로 다른 문화 간 갈등의 요인이 개체 간의 거리, 즉 공간을 지각하는 형식의 문화적 차이에 있다고 보고 '침묵의 언어'인 공간이 야기하고 있는 여러 역작용을 감소시키기 위해 인간이 지닌 오감각적 공간과 그에 따른 행동양식을 분석하였다. 그 결과 자극과의 거리가 먼 것을 지각하는 것으로는 눈, 귀, 코의 감각이 작용하는 시각 공간, 청각 공간, 후각 공간을, 감각 자극과 가까운 것을 지각하기 위해서는 피부, 점막, 근육을 통한 촉각 공간, 열 공간, 운동 감각적 공간이 있음을 발견하였다.

또한 공간은 인간이 공간을 지각할 때 문화적 배경과 행동양식에 따라 달라지므로 변화 가능한 동적인 것으로 여겨진다. 인간의 사회적 관계를 중심으로 하여 4가지 유형의 공간이 행동에 미치는 역학적 관계를 설명하고 있다. 각 유형에는 가까운 단계와 먼 단계의 두 가지 수준이 존재한다. 첫째, 밀접한 거리는 다른 사람의 존재를 확실히 느낄 수 있는 거리를 말하며, 사랑하는 사이나 아주 친밀한 관계로 속삭임이나 낮은 목소리를 사용하여 의사소통을 한다. 둘째 개인적 거리는 접촉을 꺼리는 사람들이 일정하게 유지하는 거리로 자신을 보호하기 위한 최소한의 거리로 개인적인 관심을 나눌 수 있다. 셋째, 사회적 거리는 업무나 사교적인 것과 같은 형식적인 거리를 나타내며 목소리가 커지며 사람을 전체적으로 볼 수 있다. 마지막으로 공적인 거리는 방어적인 행동을 유발하는 거리이며 언어학자들은 이 거리에서 단어나 어구의 선택이 신중해지고 문법이나 구문론상의 변화도 일어난다는 점을 관찰하였다.

이런 4가지 유형의 분류를 통해서 다른 사람과의 상호 작용하는 과정 중에 어떠한 거리를 선택하는지, 즉 상호 작용하는 개개인이 어떤 관계인지, 어떻게 느끼는지, 무엇을 하고 있는지에 따라 공간 인식이 다르게 나타난다는 것을 알 수 있다.

Lyman과 Scott(1963)는 인간 사회 안에 존재하는 영역을 공공영역, 가정영역, 상호작용영역, 신체영역의 네 가지 형태로 보았다. 광장이나 공원과 같이 공공영역은 시민에게 접근할 수 있는 자유를 제공하기는 하지만 반드시 활동의 자유를 주는 것은 아니다. 가정영역은 집단 혹은 개인에 의하여 이어지는 공유영역이다. 상호작용영역은 사회적인 모임을 만들 수 있는 공간으로서 그들은 명백한 경계와 출입의 규칙이 존재한다. 마지막으로 신체를 둘러싼 영역으로서 개인공간이라 부르는 것으로 개인에게 소속된 가장 사적이며 침범할 수 없는 공간이다(Sommer, 1987).

사회학적 입장에서 공간을 바라본 이들은 공간이 역사와 구성원의 실천적인 행위를 통해 변화 발전하여 생산되는 사회적인 산물로 바라보고 있다. Lefebvre는 변증법적인 변환과정으로서 공간은 하나의 역사적 생산의 과정이며 사회적 존재의 매개체이자 산물이라고 주장한다(서우석, 1999). 문화적 공간론을 전개한 Tuan은 공간, 지리 등은 문화적 산물로서, 장소에 살고 있는 사람들의 주관성과 현실경험을 중심으로 하여 공간에 대한 이해를 해야 한다고 주장한다(신명섭, 1998). 또한 현대 공간 이론의 대표적 학자인 Harvey는 공간은 단순히 주어지는 것이 아니라 인간의 실천을 통해서 생산되고 재현되는 것이며 항상 인간생활과의 관계를 통해서만 가치화되고 재생산된다고 하였다(최병두, 1997). 이들 모두 공간은 사회적인 산물로서 과거의 역사와 함께하며 인간이 살아가는 과정을 통해 변화 발전하게 되므로 그러한 과정에 대한 이해를 바탕으로 해야 공간을 바르게 살펴볼 수 있다는 것이다.

심리학적 입장에서도 물리적인 공간을 인식하는 과정에서 나타나는 공간의 유형에 관심을 나타내었다. 러시아의 심리학자 Yakimanskaya(1991)는 공간을 두 가지 의미로 보았는데 하나는 사용 가능하며 감각적으로 보이는 실제적 공간(actual space)이고, 다른 하나는 수학적이며 혹은 인간의 정신구조로 인해서 만들어지는 추상적 공간(abstract space)이다(Ness, 2001).

Miller(1998)는 이 개념을 확장하여 공간의 두 가지 유형을 제시하고 있는데 지각적 공간(perceptual space)과 개념적 공간(conceptual space)이 그것이다. 지각적 공간은 개인의 감각 즉 시각, 청각, 후각, 촉각과 연관되는 정신적 도식이며, 매일의 사물조작과 모든 우리의 동작을 포함한다. 개념적 공간은 우리 감각 너머에 있는 공간적 현상의 존재를 이해하는 것을 다룬다. 개념적 공간은 지각적 공간에서 보거나 느낄 수 없었던 공간적 사고를 해석하는 것을 포함하고 있다는 것이다. 이런 공간적 사고는 지도, 그림, 필수적으로 상징적 형식으로 변환해야 하는 심적 구성과 같은 개별적 표상을 통해서 해석된다. 심리학자들의 공간 개념은 실제적인 공간을 감각을 통해서 탐색하는 과정을 통해 감각 그 이상의 것으로서 정신적인 공간이 존재하며 이것은 공간을 표상하는 상징적인 형식들을 이해하는 과정으로 바라보고 있다.

현대적 관점에서 바라본 철학적, 사회적, 심리학적 공간의 견해들을 종합해 보면 물리적으로 공간이 존재하며, 그러한 공간은 경험하는 주체에 따라 변화를 가져오는 가변적인 것으로 인식되고 있으며, 이로 인해 다양한 공간 양식이 존재함을 알 수 있다. 또한 물리적인 공간은 자체로 인식되는 것이 아니라 공간을 이용하는 구성원에 의해서 다르게 형성되고 해석되므로 같은 공간이라 할지라도 공간은 다른 의미를 지니게 된다. 따라서 공간을 인식하고 활용한다는 것은 공간으로부터 받은 느낌과 주체의 주관적 해석으로 발생되는 의미가 매우 중요한 역할을 한다고 할 수 있다.

위에서 살펴본 현대 학문의 각 분야에서 영향을 미치고 있는 몇몇 학자들이 제기한 다양한 공간유형을 요약해 보면 다음과 같다.

〈표 Ⅱ-2〉 공간유형 분류

학자	공간유형 분류	학문적 토대
Cassirer	• 유기적 – 활동적/감각 운동적 공간 • 지각적 공간 • 추상적 – 상징적/명상적 공간	Kant 철학의 영향
Yakimanskaya	• 실제적 공간 • 추상적 공간	발달심리학
Miller	• 지각적 공간 • 개념적 공간	발달심리학
山貞登	• 개인 공간 • 사회적 공간	사회심리학
Tuan	• 문화의 산물로서의 공간	사회학, 역사, 문화, 인류학, 지리 등을 통합적으로 적용
Lefebvre	• 공간은 역사의 산물이면서 사회의 매개물 • 공간의 재현/재현의 공간/공간적 실천	Marxism
Lyman & Scott	• 공공영역 • 가정영역 • 상호작용영역 • 신체영역	사회학

공간은 존재하는가, 무엇으로 구성되어 있는가로 시작한 공간 논의는 공간에 대한 개념이 타고나는 것인가, 경험되는 관계적인 것인가에 관한 철학적 바탕 위에서 시작되어 물리학적인 현상을 설명하는 과학으로, 이후 문화인류학, 사회학과, 발달심리학에까지 그 범위가 확대되고 있음을 알 수 있다. 철학적 원류는 같이 공유하지만 분야가 전문화됨에 따라 그 내용적 요소들이 변화하는 과정은 필연적인 것으로 볼 수 있다. 그럼에도 불구하고 공간과 공간을 인지하는 양식은 우리의 삶 전반에 걸쳐 지대한 영향을 끼치고 있다.

이상에서 살펴본 바에 의하면, 학문적 토대에 따라 다르게 정의되고 있으나 공간에 대한 현대의 담론들은 공간이란 유기체의 역동적인 상호작용을 통해서 생성되는 것으로 인식 주체에 따라 다르게 느껴지기 때문에 공간을 개념적으로 받아들이기 위해서는 감성적인 접근도 함께 수반되어야 하는 점을 시사하고 있다. 따라서 공간에 대한 개념을 형성하고 실질적으로 생활 속에서 활용하는 능력을 갖추기 위해서는 물리적인 형태를 인식하고 개념화하는 것과 더불어 공간과의 의미형성을 위한 과정과 사회구성원이 공간을 활용하는 행태에 대한 이해가 필요하다.

공간능력의 개념

공간에 대한 연구는 연구의 정의와 의문점에서 매우 기초적인 차이를 인식하는 데 실패함으로써 공간에 관한 연구와 이론을 논의하고 분석하기 어려우며(Liben, 1981), 공간능력이 여러 잡다한 능력을 통칭하는 것으로 인식되어 일반화하는 데 상당한 어려움이 있다(Lean & Clements, 1981). 그리하여 공간과 관련한 많은 연구들은 공간능력, 공간지능, 공간지각, 공간감각 등의 개념을 함께 혼용하여 사용하고 있다. 공간능력에 대한 정의는 1940년대부터 1980년대까지 요인분석을 통해 공간능력의 존재를 밝히고자 했던 연구들과 1980년대 이후 공간지능, 공간감각 등의 용어를 사용한 연구를 통해 살펴볼 수 있다.

Thurstone(1938)는 요인분석을 통해 공간 내에서 시각적 방향과 관련된 세 가지 요소를 밝히고 S1, S2, S3라 명명하였다. S1은 다른 각도에서 물체를 인식하거나 공간 내에서 회전한 물체를 시각화하는 능력, S2는 전체 형상에서 부분이 움직이는 것을 인식하는 능력, S3은 문제의 결정적인 능력으로 주체의 신체 방향을 소개하고 있다(Thurstone, 1950).

1940년대 초 Humphreys는 공군시험 과제의 요소를 분석한 결과 공간요소에 공간시각화(spatial visualization)와 공간관계(spatial relations)의 독립적인 두 영역이 있음을 밝혔다(Werthessen, 1999). 여기에서 공간시각화는 '그려진 물체의 회전, 평면 패턴을 펴거나 접은 것, 공간에서 혹은 기계적 동작을 통해 물체의 위치의 관계적 변화를 상상하는 능력', 공간관계는 '시각 자극 패턴에서 요소의 배열을 해석하는 것'을 의미한다(McGee, 1979).

1950년대 초까지 공간능력에 대한 개념은 다차원적이었으며, 방향과 시각화(French, 1951; McGee, 1979에서 재인용), 공간방향, 공간시각화와 운동적 상상(Michael, Guilford, Fruchter, & Zimmerman, 1957), 공간관계와 방향, 오른쪽과 왼쪽 변별, 장 연결성(field articulation), 시각화(Sherman, 1979) 등을 요소로 정의하고 있다. 이 가운데에서 공간방향과 공간시각화는 공간능력에 대한 현대적 정의에서 공통적으로 나타나고 있다.

Lohman(1979)은 공간요인으로 공간적 관계, 공간적 방향, 시각화를 들고 있다. 공간적 관계는 물체나 도형을 마음속으로 회전시킬 수 있는 능력으로, 문제를 올바르게 해결하는 능력 및 필요한 정신적인 회전을 수행하는 데 소요되는 시간 등을 의미한다. 공간적 방향은 제시된 형상이 다른 시각에서 어떻게 나타내는가를 상상하는 능력이며, 시각화는 공간적인 관계와 공간적인 방향의 두 특징을 함께 가지는 것으로 설명하고 있다.

Bishop(1979)는 수학교육 학습의 관점에서 영향을 주는 것으로 공간능력을 도형 정보를 해석하는 능력(the ability for interpreting)과 시각 과정에 대한 능력(the ability for visual processing)으로 구분하였다. 도형정보를 해석하는 능력은 모든 형태의 그래프, 도표, 다이어그램 등에서 사용된 시각적 표상과 공간적 언어의 이해를 포함하고 있으며 내용상, 문맥상 이해능력과 관련되므로 자료의 자극 형태에 관계된 능력이다. 시각과정에 대한 능력은 시각화, 추상적인 관련성의 전이와 비시각적인 정보를 시각적인 용어로 변화하는 것을 포함하고 있으며, 제시된 자료의 자극 형태에 관련이 있는 것이 아니라 변화시키는 과정에 관계된 능력이다(구자홍, 2000).

McGee(1979)는 공간시각화와 공간방향의 개념을 구분하고 이것을 기본요소로 하는 공간능력의 위계도를 제시하였다. 공간시각화에는 회전과 변환을 공간방향에는 재조직된 전체와 전체의 부분을 포함하였다. Tillostone(1985)도 공간시각화를 제시된 시각적 형태의 구성부분들 사이의 관계를 인식하는 능력 및 여러 부분들을 마음속으로 조작하는 능력이라고 하였다. 높은 공간시각화 능력을 갖는 사람들은 말로 설명을 듣고 정신적 이미지를 형성할 수 있으며 또한 여러 관점에서 그 이미지를 회전시킬 수 있다는 것이다.

Linn과 Peterson(1985)은 공간능력의 범주에 공간지각, 심적 회전, 공간시각화를 포함하였다. 공간지각은 자신의 신체 방향을 고려하면서 공간적 관계를 고려하는 능력으로, 심적 회전은 2, 3차원의 물체를 빠르고 정확하게 회전하는 능력으로, 공간시각화는 공간적으로 제시된 정보를 복잡하고 다단계적인 조작을 하는 능력으로 정의하였다.

이상과 같이 공간능력의 요인들을 알아보고자 했던 연구들을 종합해 보면 방향, 시각화, 공간관계, 공간지각, 심적 회전 등의 요인을 공통적으로 지적하고 있으며 내용 면에서 여러 각도에서 사물의 변화를 해석할 수 있는 능력, 공간을 상징하는 여러 정보들을 해석하는 능력, 정신적으로 이미지를 형성하고 변환하는 능력 등을 필요로 하는 것임을 알 수 있다.

이전 연구에서 공간요인을 분석한 것과 달리 Piaget는 1950년대 중반에 발달적 관점에서 형상적(figurative) 지식과 조작적(operative) 지식의 차이를 구별하였는데 형상적 지식은 물체의 형상을 보존하는 능력(심적 상상)을 말하고, 조작적 지식은 심적 회전으로서 형상의 변환을 강조하는 것이다. Piaget의 이러한 제안은 공간구조에 대한 범주를 제시하고 연속적인 특성을 나타내었다는 데 의의가 있다(McArthur & Wellner, 1996). 즉 공간 개념이 연령에 따라 발달적인 변화과정을 겪으며 이러한 변화과정도 공간 구조의 다른 범주를 익혀 가는 경향성이 있음을 밝힌 것이다.

1980년대 들어 Gardner는 다중지능이론을 발표하며 인간이 가진 여러 지능 중 하나로 공간지능을 언급했다. 공간지능이란 시각적 세계를 정확하게 지각하는 능력이며 초기 지각한 것을 변환하거나 수정할 수 있는 능력으로 시각적 자극의 측면을 재창조할 수 있도록 하고, 물리적 자극이 없을 때조차도 시각적 경험을 재창조할 수 있는 능력이다(Gardner, 1983). Gardner는 공간능력을 시각적인 세계에 국한하지 않고 감각이나 정신적 상을 통해서도 표현될 수 있다고 하였다.

Piaget와 Gardner는 공간능력에 있어서 발달적인 관점을 제시하여 선천적인 요인에 의하지 않고 발달과 학습에 의해서 공간능력이 향상될 수 있음을 시사하고 있다는 데 그 의의가 있다.

공간을 인식하고 심상화하는 과정에서 추상적인 개념화뿐 아니라 공간지각에 감각적인 요소가 영향을 미치는 요인을 고려하여 공간능력의 요소를 세분화하여 제시한 사람은 Del Grande이다. Del Grande(1987)는 공간감각을 공간 내부 혹은 외부로부터 자극을 인식하고 식별할 수 있는 능력, 그리고 그러한 자극을 사전 경험이나 동화를 통해 이해할 수 있는 능력으로 보았다. Frostig와 Horne(1972)의 5개의 공간지각력(눈과 운동 근육조절, 배경과 도형지각, 지각적 항상성, 공간에서의 위치지각, 공간관계의 지각)과 Hoffer(1977)가 제시한 시각적 구별과 시각적 기억을 종합하여 다음의 7가지를 제시하였다.

① 눈 - 운동 협응(Eye - motor Coordination)

시각적인 관찰과 신체의 움직임을 결합하는 능력으로 기하학적인 아이디어나 개념을 이해하는 데 필요하다. 일상생활에서 신체 움직임은 공간의 이해와 밀접한 관련이 있는데, 옷 입기, 자르기, 공차기 등의 거의 모든 활동이 몸의 운동과 함께 시각을 조절하는 힘과 연관된다.

② 도형 - 바탕지각(Figure - ground perception)

복잡한 배경에서 형상을 찾아 명료화하는 시각적 행위로 한 도형의 모양에 주의를 집중하면 도형을 둘러싸고 있는 외부의 표시를 무시하게 되고, 관계없는 시각적인 자극에 주의를 기울이지 않게 된다. 관련하여 숨은 그림 찾기, 부분 그림 완성하기, 닮은 점과 다른 점 찾기 등의 활동을 할 수 있다.

③ 지각적 불변성(Perceptional constancy)

크기, 위치, 방향에 관계없이 공간 내에서 형상이나 대상을 인식하는 능력이다. 대상을 다른 위치와 각도에서 보았을 때 대상에 대한 인상이 다양함에도 불구하고 그것의 크기와 모양의 불변성을 인식하는 것이다.

④ 공간 내에서 위치지각(Position - in - space)

자신과 공간 안에 있는 대상물과의 관계를 인식하는 능력이다. 공간적으로 자신을 중심으로 형태나 모양의 회전, 뒤집힌 것의 이미지를 변별하고, 자신을 중심으로 해서 사물들을 전후좌우, 상하로 지각하는 것이다. 도형의 회전과 대칭이동, 사물의 위치변화, 거울의 상 만들기와 같은 활동을 할 수 있다.

⑤ 공간관계의 지각(Perception of spatial relationship)

자신과 또 다른 것과의 관계에서 둘이나 그 이상의 대상을 보는 능력으로 공간에서 거리, 깊이, 위치 등의 관계를 인식하는 능력이다. 주어진 그림에 따라 블록 쌓기, 목표지점으로 가는 최단거리 찾기, 부분들을 조립하기, 도형을 완성하기, 계열을 완성하기와 같은 활동을 할 수 있다.

⑥ 시각적 변별(Visual discrimination)

대상물 간의 유사점과 차이점을 구별하는 능력이다. 동일한 한 쌍의 대상을 확인하기, 서로 다른 한 쌍의 대상을 확인하기, 여러 개의 대상들 중에서 같지 않은 하나를 찾기, 여러 개의 대상들 중에서 서로 같은 것 찾기와 같은 활동을 할 수 있다.

⑦ 시각적 기억(Visual memory)

시야에서 보이지 않을 때도 대상물을 회상할 수 있는 것으로 시각에 의존하지 않고 대상의 특성을 다른 특성과 관련시킬 수 있는 능력이다. 두 개 또는 그 이상의 대상들 중에서 특정한 하나의 대상을 회상하기, 대상들의 위치 확인하기, 한 도형을 보여 준 후 그 도형의 모양을 기억해서 그려 보기와 같은 것이 있다.

NCTM(1989)에서 공간감각의 용어를 사용하여 주위 환경과 그 속에 있는 대상들에 대한 직관적인 느낌으로 정의한 후 공간감각에 대한 관심이 높아지면서 1990년대 들어 공간능력을 보다 폭넓게 정의하기 시작하였다. Browning과 Channell(1992)은 공간능력이란 물리적 환경에 접하여 심상을 형성하고 이를 다시 시각으로 변화시킬 수 있으며 평면에 나타낼 수 있는 능력으로 정의하였고, 홍혜경(1999)은 공간으로부터 자극을 변별하고 인식하며, 사전의 공간에 관한 경험과 관련하여 주어진 자극을 해석하는 능력을 공간능력으로 보았다. 권오남, 임형, 허라금(1996)은 공간능력을 인간에 대한 심리측정 연구방법으로부터 나온 구인으로 공간 속에 있는 내적 표상을 기호화하거나 기억하여 다른 사물 또는 공간 위치에 관련시키는 능력, 머릿속의 상들의 움직임과 변화를 시각화하는 능력으로 정의한 바 있다. 위의 공간능력에 대한 정의들은 공간능력에 있어서 물리적 환경에 대한 조작 능력뿐 아니라 물리적 환경과 유기체와의 상호 관계적인 맥락에서 공간능력이 다루어질 필요가 있음을 반영하여 공간 인식에 영향을 미치는 과거의 경험, 지각과정에서의 감각 작용 등의 정의적 측면을 포함하는 것이다.

이상과 같이 공간능력의 요인을 밝힌 연구자들은 공통적으로 물체의 변화를 이해하기, 시각적인 이미지 형성하기, 회전, 변환 이해하기, 정신적으로 조작하기, 말이나 행동으로 표현하기 등을 공간요인으로 지적하고 있다. 결국 이러한 정의들을 종합해 보면 공간능력은 유기체를 둘러싸고 있는 형태, 거리, 방향, 좌표를 지닌 3차원의 물리적 세계를, 감각을 활용하여 지각하고, 심상을 형성하고, 정신적으로 조작하여 언어나 그림, 행동으로 표현할 수 있는 능력을 말한다고 볼 수 있다.

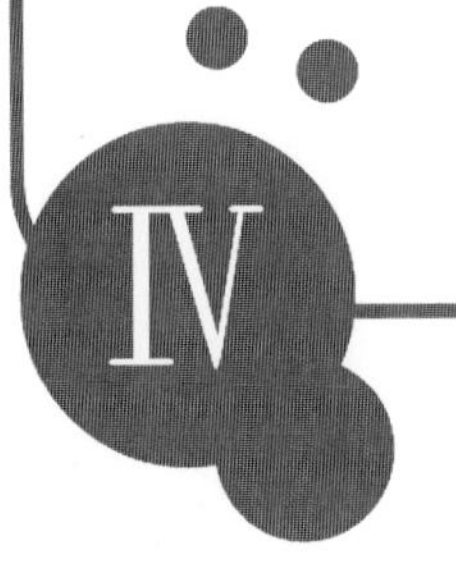 공간능력의 발달

　발생론적 인식론을 기초로 하여 공간 개념을 연구한 Piaget와 Inhelder(1967)는 유아의 공간 개념 형성과정을 두 가지로 보았다. 하나는 시각, 청각 등의 감각기관을 통해서 주변 사물들의 공간적 특성을 파악하는 지각적 공간(perceptional space)이고 다른 하나는 감각기관을 통해 들어오는 공간적 특성을 유아 스스로 재조직하여 형성하는 기하학에서의 공간 개념인 표상적 공간(representational space)이다. 지각적 공간과 표상적 공간에 의해 획득되는 일반적인 공간 개념으로 그림을 그리는 능력과 입체적 공간을 평면으로 조직하는 능력을 같은 것으로 본다. Piaget는 공간 인식을 통해 심상이 발달하는 단계를 3단계로 제시하였다(Linn & Peterson, 1985).

첫 번째 단계에서는 여러 가지 공간 사이에 조정이 결여되어 모양과 크기의 지각적 불변성이 없으며, 근접, 분리, 순서, 주위, 연속관계를 위상적으로 불변적인 관계만 인식한다.

두 번째 단계에서는 직선, 원, 각과 같은 주요한 지각적 모양의 구성과 함께 모양과 크기의 불변성을 인식하게 된다.

세 번째 단계에서는 감각운동 활동이 조직적인 관찰과 탐구, 관계의 내면적 조정을 통한 완전히 지적이며, 실제적인 활동에 의해 풍부해진다.

이러한 공간 인식을 Piaget와 Inhelder(1967)는 위상적 공간(topological space), 사영적 공간(projective space), Euclid적 공간(Euclidean space)이라 하였다. 공간을 통해 심상이 발달하는 단계는 위상, 사영, Euclid 공간의 순서로 발달하며 이 세 가지의 공간 구성요소는 내적으로 연관성을 지니고 있다(McArthur & Wellner, 1996).

위상학적 공간은 근접, 분리, 순서, 포함인데 이것은 유아기 기하 경험의 토대를 제공한다. 근접성은 위치, 거리, 방향에 관한 질문으로서 '내가 어디에 있는가?', '너는 어디에 있는가?'(안에, 바깥에, 위에, 아래에, 앞에, 뒤에), '어떻게 갈까?'(향해서, 멀리, 주변을 통해서, 앞으로, 뒤로), '어디에 있는가?'(가까이에, 멀리, 접근해 있는, 떨어져 있는)를 나타내는 것으로 유아에게 최초로 나타나는 것이다. 분리는 물체가 서로 닿아 있는지 떨어져 있는지의 관계성을 말한다. 순서는 위상학적 관계 이해는 근접, 분리 개념을 전제로 하며, 앞, 뒤, 옆, 다음, 사이 등의 공간적 관계의 이해를 포함한다. 포함은 간단하게는 물체가 안에 있는지, 밖에 있는지, 사이에 있는지를 나타내는 것이며 일차원적으로는 두 지점 사이에 존재하는 것, 이차원적으로는 이차원의 닫힌 형태 안에 있는 한 지점, 삼차원의 형상 안에 있는 것을 이해하는 것을 말한다(Kennedy, Tipps & Johnson, 2004). 위상적 공간능력을 발달시키기 위해서는 커다란 공간, 중간 공간, 작은 공간과 같은 다양한 크기의 공간에서 경험을 하는 것이 필요하다(Smith, 2006). 커다란 공간에서 이루어지는 경험은 운동장, 공원, 체육관 등에서 오르기, 던지기, 미끄러지기, 자전거 타기, 뛰기, 공 던지기, 로프 흔들기, 혹은 트램펄린에서 점프하기와 같은 활동을 포함한다. 중간 공간에서의 경험은 방 혹은 블록 쌓기와 역할 놀이 같은 활동을 허락할 수 있는 마루공간으로 유아들이 자신이 만든 구조물 속에서 오르기, 내리기 등의 활동을 할 수 있는 것을 포함한다. 작은 공간에서의 경험은 레고, 듀플로 같은 테이블 크기의 조립하는 것, 그리고 수학교육 과정의 한 부분으로 사용되는 조작물들을 포함한다. 이러한 다양한 활동을 접하는 공간들은 유아들의 일상생활과 관련되어 있으며 성장의 자연스러운 일부분으로서 놀이하는 동안 사물과 자신과의 관계성을 파악하며 공간 개념이 형성될 수 있다.

〈그림 Ⅳ-1〉 다양한 공간 활동

사영적 공간 개념은 물체의 모양이 서로 분리된 형태로는 존재할 수 없고 어떤 하나의 시점을 통하여 위치화되어 정착된 것을 의미하며 몇 개의 물체를 어떤 관점에서 서로를 결합시킬 수 있는 발전된 단계로서 수평적 도식작용이 가능하다(김현재, 윤호숙, 1991). 사영적 공간 개념은 공간의 다른 관점에서 투사된 경우, 크기와 모양은 변하지만 위상학적 특성과 직선성은 보존된다는 특징이 있다. 이는 물체를 여러 관점에서 투사시켰을 때 그 물체의 그림자 모양이나 크기, 길이, 근접, 분리 등의 속성을 비교해 봄으로써 불변, 변형되는 특성을 이해하는 능력이다.

Euclid적 공간 개념은 수평과 수직이라는 완벽한 조직으로 위치화되면서 거리, 크기, 각도, 평행 등의 개념이 형성되는 단계이다. Euclid적 공간 개념을 이해하기 위해서는 회전, 돌리기, 이동 등을 통해 변형된 경우, 위치는 변하지만 위상적, 사영적 특성 이외에 크기, 모양, 각도 등의 특성이 변화하지 않는다는 것을 이해해야 한다.

한편 이러한 Piaget의 공간적 사고의 발달 순서와 일치하지 않는 연구결과들이 발표되고 있다(Clements & Battista, 1992; Martin, 1976; Rosser, Campbell, & Horan, 2001). Rosser, Campbell과 Horan(2001)은 유치원 유아들을 대상으로 위상적, 사영적, Euclid적 특성이 포함된 공간배열을 다시 재배치하는 과제를 통해 유아들의 공간적 사고의 특성을 파악하고자 하였다. 연구 결과 Euclid적 특성이 가장 두드러지게 나타나며 위상적, 사영적 특성은 유아들에게 두드러진 특성으로 나타나지 않아 Piaget가 제시한 순서와 다름을 밝혔다. 이는 위상적, 사영적, Euclid안적 특성이 배타적인 것이 아니라 공간적 배치에서 공존한다는 Lesh(1978)의 의견을 지지하는 결과로 받아들여진다.

공간능력의 발달은 참조의 사용, 지도의 이해, 상징과 표상 등을 통해 그 발달 정도를 가늠할 수 있는데 최근 발달, 인지심리의 연구는 공간방향에 관한 연구(Huttenlocher, Newcombe, & Sandberg, 1994; Nardini, Burgess, Breckenridge, & Atkinson, 2005)들이 이루어지고 있으며 주요 쟁점으로는 참조체계의 사용에서 자아중심성이 타자중심으로 바뀌는 시기가 언제인가, 참조체계에 영향을 미치는 방이나 자극물의 배열, 언어적 자극 등에 관한 것이다. 이러한 연구들의 결과 밝혀진 새로운 사실은 성인이 되었을 때 공간능력의 기초가 되는 타인 중심적 공간표상은 3세 정도, 더 이르게는 이미 22개월 정도에서도 가능하다는 것이다. 신체와 관련한 참조의 발달이 3 − 6세 사이에 이루어지고 영아기의 일부 공간적 자아중심성은 3세경에 사라진다는 것이다. 공간에 관한 참조체계의 발달에 있어서도 자아중심에서 타인중심으로 연령에 따라 증가하는 경향을 살펴볼 수 있다(Allen, 1999). 공간표상에 관한 연구는 뇌의 작용과정과 함께 보다 심리적인 자극의 친숙성, 명도, 거리 관계, 주의력 등에 관해 관심을 갖고 있다(이상훈, 김정오, 1997; Blumberg & Torenberg, 2005).

공간능력의 발달과 관련된 변인으로 뇌의 발달, 생리학적인 배경, 문화 등이 있다. 인간의 뇌 중에서 우측 대뇌 피질의 뒤쪽 영역이 공간 문제 해결의 가장 중요한 역할을 담당하는 것으로 밝혀졌다(Garnder, 2007). 따라서 이 부분이 손상되면 공간관계에 관한 위치를 기억하거나 장면을 인식하는 능력이 떨어질 수 있다. 신경심리학 연구에 따르면 측두엽을 제거한 환자들의 경우 시각과 청각적 양상의 재인과 회상능력에 손상이 있으며(Milner, 1980), 우측 측두엽을 다친 환자들은 시각적으로 복잡한 그림에 대한 기억 손상을 보였다. 공간기억에 있어서 측두엽의 중요성과 우측 측두엽의 발달 정도와 시각과 공간 구조능력, 시각 기억 발달의 상관관계를 나타내는 것이다(김봉섭, 정진우, 양일호, 정지숙, 1998에서 재인용). Kosslyn(1987)은 뇌에서 좌반구는 공간위치를 범주화하는 정보처리를 담당하고 우반구는 보다 세분화된 공간적 정보를 처리하는 역할을 한다고 하였다.

공간능력과 성차에 관한 의견은 성차를 인정하는 연구와 성차를 발견하지 못한 연구의 상반된 의견이 존재한다. 연구결과에서 성차가 나타난 것으로 밝혀진 연구들을 살펴보면 Robert와 Heroux(2004)는 공간능력에 관한 세 가지 과제에서 여아들이 언어적 과제에서 우수한 반면 남아들은 유의미한 차이가 없고 공간 조작적 놀이가 성의 선호성을 예언하는 변수임을 밝히고 있다.

Linn과 Peterson(1985)은 공간과 관련한 연구들을 모아 메타분석을 실시하여 공간지각, 심적 회전, 공간적 시각화의 세 가지 범주를 추출하였다. 연구들을 종합하여 본 결과 2, 3차원의 회전과제에서 13세 이후의 남아들이 수행을 더 빨리하고, 공간지각 과제에서 남아의 현저성이 점차 줄어듦에 비해서 공간관계의 차이는 8에서 18세 이후에 나타나고 이후에도 지속적임을 밝혔다. 공간시각화 과제에서는 과제의 특성이 복잡한 시공간 정보를 조작하는 다단계가 요구됨으로 인해서 성차가 거의 나타나지 않거나 아주 작고, 모든 연령에서 남아의 현저성이 불일치하는 것으로 나타났다.

성차가 나타나지 않는 결과를 보인 연구들(Johnson & Meade, 1987; McArthur & Wellner, 1996; Rosser, Campbell, & Horan, 2001; Silver, 1996)은 성차를 인정하기 어렵다는 입장을 취하고 있으며, McArthur와 Wellner(1996)는 Piagetian 연구 23개를 모아 분석한 결과 남성과 여성 간의 차이는 존재하지 않고 남

성과 여성 모두에게서 전반적으로 공간능력이 낮은 것으로 나타났다. 성차가 나타났다고 밝힌 연구결과들은 그 원인으로 성차는 선천적인 요인과 성숙의 요인으로 영향을 받지만, 연구자들에 따라 공간에 대한 정의가 일정하지 않고 연구자들에 따라 서로 다른 공간능력을 측정하였으며, Piaget와 Inhelder는 복합적인 요인을 고려하여 과제를 계획하였지만 연구자들은 단일한 것을 재는 과제로 사용하였기 때문이라고 보고 있다.

공간능력에서 나타나는 성차의 기원에 관해서 여러 가지 가설이 제기된다. Newcombe와 Sanderson(1993)은 성차의 원인을 3가지로 보고 있는데 첫째는, 생물학적인 요소, 즉 테스토스테론의 영향으로 뇌의 편향성이 발생하는 것이고, 두 번째는 환경적, 사회 문화적 원인으로(Fagot, 1977, 1978) 사회화하는 과정에서 남녀가 겪는 경험의 차이 때문이라고 보는 것이다. 셋째는 생물학적 요소와 환경적 요소 간의 상호작용으로 발생한다는 것이다.

유아기의 성에 따른 공간능력의 차이는 놀이의 선호성과 관련하여 연구들이 이루어진다. Caldera, McDonald, O'Brien, Truglio, Alvarez과 Huston(1999)은 51명의 유치원시기 유아의 놀이 선호성에 따른 시공간 기술을 조사한 결과 놀이에 따른 시공간 기술에서는 성차를 보이지 않았고 미술자료의 사용과 블록으로 하는 자유놀이, 구성놀이와는 시공간 기술과 유의한 상관이 있었다. 또한 Newcombe와 Sanderson(1993)은 성차의 원인이 놀이유형에 따라 달라지는지 조사하기 위해 52명의 유치원아들의 7일 동안 가정 내 놀이를 조사하여 분석한 결과 공간 활동의 범주에 따른 놀이의 선호성과 공간능력 간에는 성차가 발견되지 않았고 다만 남아의 놀이도 여아의 놀이도 아닌 중립적인 것으로 분류된 미술, 보드게임, 수영, 퍼즐, 그네, 숨바꼭질 등의 놀이에 보내는 시간의 양이 공간점수와 정적인 상관이 있는 것으로 나타났다.

결국 성차에 대한 논의들을 종합해 보면 유아기에 나타나는 성차는 유의미하게 받아들일 수 없으며, 남성과 여성의 선호하는 공간능력이 서로 상이하다는 것으로 진행되고 있는 추세이다. 따라서 다양한 공간능력을 경험할 수 있도록 활동이 제시되어야 하며 이것은 학습자가 선호하는 학습양식에 비추어 학습의 형태가 이루어져야 한다는 것을 의미한다.

공간발달에 관한 발달 심리학적인 접근은 세 가지로 볼 수 있는데 공간 개념을 천성적으로 습득한 것인가, 배워 가는 것인가에 대한 논란으로 첫째, Piaget를 비롯한 후학들은 영아들은 공간에 대한 지식이 없이 태어나거나 공간을 점유하는 대상영속성이 없이 태어난다고 주장하고 있다. 둘째, 습득론자들은 공간이해의 본질적 측면은 타고나는 것이며 특정한 뇌 영역의 생물학적인 성숙은 공간 발달의 측면을 설명하는 것으로 본다. 셋째, Vygostky 적 접근은 공간기술에 있어서 문화적인 접근을 강조하고 있다. 이에 대해 Newcombe와 Huttenlocher(2003) 같은 학자들은 세 가지 접근의 본질적 통찰을 병합하여 통합적인 접근을 시도해야 한다고 주장하고 있다.

결국 공간적 발달을 돕기 위해서는 생득적인 공간적 요소에 대한 이해를 바탕으로 경험에 의해 학습하는 과정에서 유기체가 살아가는 사회 문화적인 배경이 고려되어야 한다고 볼 수 있다.

Ⅴ. 공간능력에 대한 교과적 접근

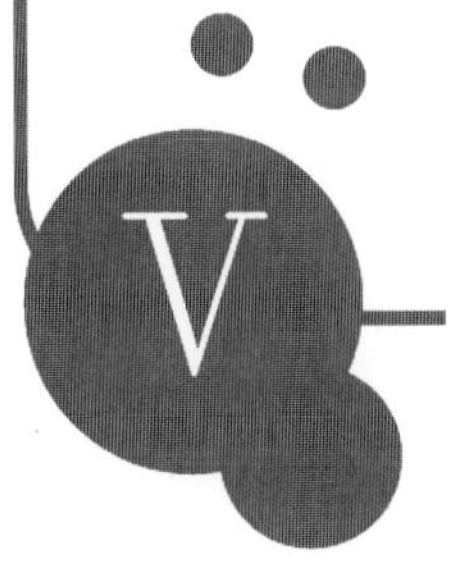

공간 담론을 통해 철학적 사고의 흐름을 기반으로 사회학적, 심리학적, 문화적인 측면에서 공간을 인식하는 주체에 따라 감각적 공간, 사회적인 공간과 개념적인 공간이 존재하며 이런 공간 양식은 행동을 나타내는 양식에 영향을 미치고 있음을 알 수 있었다. 또한 공간능력(Spatial Ability)은 spatial ability보다는 spatial abilties가 더 적합할 정도로(Owens, 1990) 다양한 형태의 능력을 의미한다. 공간능력은 주변세계를 이해하고 사고하는 방식으로 여러 형태를 띠고 있으며 우리 삶의 여러 장면에 걸쳐 영향을 미친다. 이 장에서는 이러한 공간능력과 관련하여 유아교육의 각 영역에서 다루고 있는 내용을 살펴보고 공간능력의 사회적인 의미를 교육적 관점에서 살펴봄으로써 포괄적 접근을 위한 토대로 삼고자 한다.

1. 동작과 공간능력

유아는 태어나는 순간부터 자신을 둘러싼 세계에 대해 기본적인 감각적 정보를 통하여 탐색을 시작하며 선천적으로 주어진 반사행동과 병행하여 자신이 속한 공간의 특성을 파악하고 안정을 찾으려 한다. 신체가 발달함에 따라 유아는 기어가기와 걷기로 대별되는 이동성을 확보함으로써 보다 능동적이고, 적극적으로 공간을 탐색하고 자신의 위치와 대상물 간의 관계 등을 조작할 수 있게 된다. 이 시기의 영아들은 장난감이나 또래에게 관심을 보이지 않고 오로지 공간과 속도에 심취한 것으로 보이며 기어 다니고, 걷고, 행진하고 달리며, 한 가지 이동방법에서 다른 것으로 이동하는 것에서 느끼는 즐거움으로 가득 차 있다(Freud & Burlingham, 1944).

유아가 태어나면서부터 공간 속에서 자신의 신체를 탐색하고 조작적 기술을 발달시켜 나가는 과정을 Bailey와 Burton(1982)은 다음과 같이 제시하고 있다.

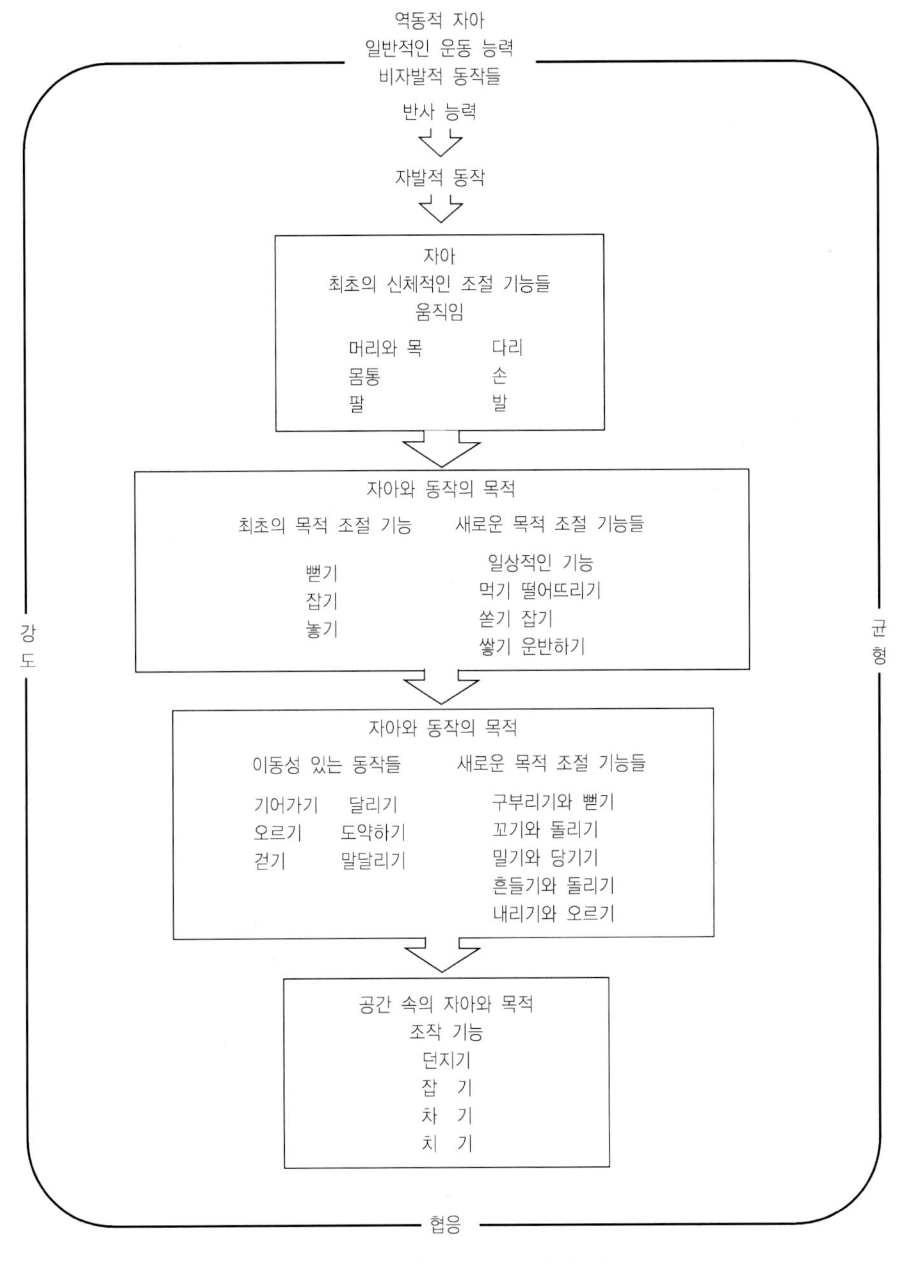

〈그림 Ⅴ-1〉 운동능력의 발달과정

<그림 Ⅴ-1>을 통해서 살펴보면 태어나면서 반사 능력만 지니고 있던

유아들은 점차 목적을 지니고 신체를 움직이며 공간 안에서 존재하는 자신을 느끼는 데 다양한 기술들을 발전시키게 된다. 이러한 과정에 유아의 신체의 균형, 협응 그리고 움직임의 강도가 중요한 역할을 맡게 되는 것이다.

유아들은 움직이는 것을 통해서 외부 공간에 적응하는 것을 배우며 사물의 본질을 느끼며 환경에 맞도록 자신의 행동을 조절해 간다(정계숙, 김길숙, 1998). 유아가 공간에서 움직임을 조절하도록 하기 위해서 탐색하는 과정은 신체 부분을 명확하게 인식하고 양적인 개념과 공간 개념을 충분히 이해하도록 해야 하며(김은심, 2002), 이 과정 중에 동화와 조절이 활발해지므로 효과적으로 움직이는 방법을 모색하여 동작 문제를 해결할 수 있도록 해야 한다(Rever & Halverson, 1884). Laban은 신체 움직임의 기본원리를 공간과 시간, 힘, 흐름의 네 가지 주제를 통해 접근하는데 여기에서 공간에 대한 이해란 '어디로 움직일 수 있는가'를 이해하는 것을 말한다. 공간은 자기 공간 또는 개인적 공간, 일반 공간으로 분류될 수 있으며 높낮이, 방향, 크기, 범위, 바닥형태, 초점, 그리고 동작이 이루어지는 면의 영역으로 구성된다.

이러한 신체적 운동능력이 발달하는 것은 정신과 신체의 조절을 강화하고 통합시키는 과정으로서 지각 발달과 밀접하게 연관되어 있다(최혜라, 1991). Kephart(1971)는 유아기 신체 발달에서 지각, 시각, 기억기능과 대근육 운동의 협응, 눈과 손의 협응, 시공간 이행자세, 좌우 측면성, 방향성 신체인지, 형태지각과 공간 변별, 유연성, 민첩성을 특히 강조하였다.

신체발달에서 지각적 요소의 중요성을 반영하여 프로그램을 구성한 지각운동적 접근은 유아들이 신체 움직임을 통해 신체지각, 공간지각, 방향지각, 효과적인 시간 및 공간 적응을 배우도록 한다.

이러한 입장에서 Gabbard(1988)와 Gallahue(1998)는 유아기에 적절한 신체활동의 내용에서 공통적으로 신체, 공간, 방향인지를 들고 있다. 신체인지는 신체 개념이나 신체지식이라고 할 수 있는데 자신의 신체 부위의 위치와 신체 부위 간의 관계, 신체를 활용하는 활동의 방법에 대한 내면화된 지식이다. 공간인지는 신체 인식에 기초하여 유아들이 자신과 물체의 위치, 물체 간의 위치, 공간 속에서의 신체 위치를 인식하여 더 많은 정보를 얻게 하는 것이다. 여기에는 얼마나 많은 공간을 차지하는가의 면적에 관한 인식과 다양한 움직임과 경험을 통해 자기중심적인 판단에서 벗어나 참조물을 활용하는 객관적인 판단으로 나아가는 것을 포함한다. 방향인지는 신체의 양측성과 외적 공간의 차원을 이해하는 방향성에 대한 내면화된 지식으로 왼쪽/오른쪽, 위/아래, 안/밖, 앞/뒤, 옆과 같은 공간차원을 이해하는 것이다. 이러한 신체, 공간, 방향인지는 서로 밀접하게 관련되어 있어서 공간적인 차원을 이해하도록 도와주는 역할을 하며(황순각, 2000), 다양한 동작을 통해 과학, 수학, 언어, 사회 학습과 같은 학문적 개념을 이해하게 된다(이영심, 1997).

공간적인 차원을 이해하기 위해서는 다양한 방법으로 반복적으로 움직이는 가운데 높이, 거리, 방향, 공간, 모양 등의 개념을 이해하고 학습할 수 있으며(Pica, 1991), 이러한 지각 운동을 돕는 행위, 동작을 Williams(1983)는 4가지로 제시하였다.

첫째, 대근육 조절은 신체 부분의 움직임이 시간이나 공간과 조화를 이룰 때 이루어지며 몸을 전체적으로 사용할 수 있는 기능이며 걷기, 달리기, 점핑, 던지기, 균형 잡기 등이 포함된다.

둘째, 소근육 조절은 개별적인 신체의 사용, 특히 정확한 행동으로 작은 물체들을 조작하거나 통제할 때 손과 손가락을 사용하는 행동으로 정의된다. 눈과 손의 협응이나 시각운동 행위 및 자르기, 색칠하기, 쓰기, 붙이기와 같은 기술이 포함된다.

셋째, 단순청각, 시각, 촉감각과 같은 지각행동은 개별적인 감각 체계로부터 받아들인 단순한 자극의 해석, 구별, 인식, 감지를 해야 한다.

넷째, 신체인식 행동은 신체의 공간에서의 위치, 동작, 자세에 대한 인식을 포함하고 이러한 기능들은 신체 차원에 대한 유아들의 인식, 자신의 신체능력, 신체 움직임과 환경 사이의 관계를 인식하는 기초를 제공한다.

이와 같이 근육활동과 전체 신체를 움직이는 활동은 공간능력 발달에 매우 중요한 요인이다(Musick, 1978; Owens, 1990에서 재인용). 김희선(2005)은 게임, 신체표현, 체육활동을 포함하는 신체활동이 유아의 공간인지, 방향인지, 도형변별과 도형모사 등의 위상학적 공간 개념과 Euclid적 공간 개념에 효과적이었음을 밝혔다. 정계숙, 김길숙(1998)은 지능수준에 따른 신체공간의 인식 정도를 비교하였다. 그 결과 지능이 높은 유아는 다양한 신체부분을 축으로 하는 비대칭 동작, 다양한 신체 모양의 독창적 표현, 이동 동작의 표현의 다양성, 다양한 방향의 인식과 전환과정, 신체 비대칭 동작, 높낮이의 다양한 변화 등에서 지능이 낮은 유아와 차이를 보이는 것으로 나타났다. 반면 신체적 경로인식과 신체적 범위에 있어서는 지능에 따른 차이를 보이지 않았다.

이러한 내용을 종합해 보면 게임, 신체표현, 체육활동과 같은 소근육, 대근육을 활용하여 공간 내에서 방향, 위치, 거리에 대한 감각을 익히고 자신의 움직임에 따른 개인적 공간과 타인과 공유할 수 있는 공간을 인식하고 활용하는 동작활동은 유아의 공간능력을 형성하고 확장하는 데 밀접하게 연관되어 있으며, 이러한 동작활동은 공간에 대한 인식과 적응력을 향상시키는 데 효과적임을 알 수 있다.

2. 수학과 공간능력

Smith(1964)는 공간능력은 기하학적 도형의 구조 안에서 혹은 수학적 상징의 일반적 구조 안에서 패턴을 지각하고 동화하는 데 필요한 기능으로, 개념적 사고를 위한 추상화와 일반화는 단어적 관점보다는 형태적 관점에서 수행될 가능성이 크기 때문에 공간적 능력은 추상화와 일반화가 중요한 기능을 하는 수학에서 핵심이 된다고 지적하였다(김수미, 2003에서 재인용).

유아와 공간능력 간의 관계는 수학분야보다는 주로 발달 심리학적인 접근, 신경학적 접근의 공간인지에서 이루어졌다. 최근 들어 수와 수 연산에 치중했던 수학교육(Gelman & Gallistel, 1978; Skemp, 1987)의 방향이 수 개념과 더불어 기하와 공간적 사고를 비중 있게 다루며(NCTM, 1989, 2000), 균형적인 교육과정을 구성하여 다이어그램, 그래프 그림 기술을 사용하여 수학적 기능을 개념화하는 공간추론 기술을 향상시키는 방향으로 진행(Casey, Kersh, & Young, 2004)됨에 따라 관심이 증가하고 있다.

　따라서 공간능력을 발달시키기 위해서 유아들은 기하학적 관계성 안에서 대상물의 방향, 방위, 조망, 형태와 사물의 관계적 모양과 크기, 모양의 변화가 크기 변화에 어떤 영향을 미치는지 등에 초점을 둔 많은 경험을 해야 한다고 하였다(NCTM, 1989). 이러한 공간에 대한 경험은 후기의 기하학을 이해하는 도구로서 작용한다. Kennedy et al(2004)은 유아기에 익혀야 할 기하로 위상기하, 좌표기하, Euclid안 기하, 변환기하의 4가지를 제시하고 있다. 그는 비록 이런 기하들 간의 명확한 변별은 초등학교의 몫이지만 유아들도 네 가지 다른 기하체계의 기초적인 측면을 경험해야 한다고 하였다. 그리하여 다음 그림과 같은 기하영역의 체계와 그 내용을 제시하였다.

기하 영역 체계도

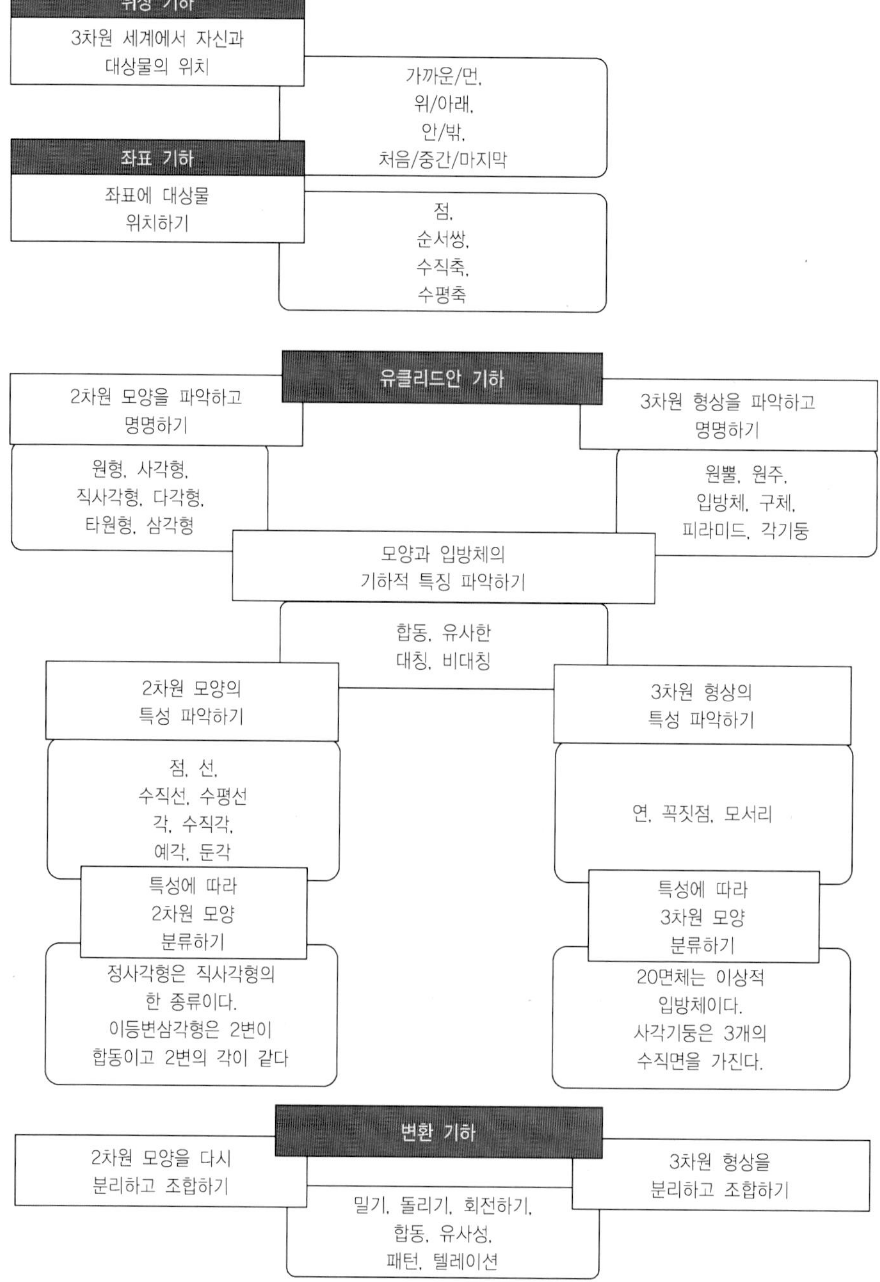

〈그림 Ⅴ-2〉 기하 영역 체계도(출처: Kennedy et al, 2004)

<그림 V-2>에서 보면 위상기하는 물체들이 서로의 관계성 안에서 어디에 위치하고 있는가를 기술하는 것으로 Piaget에 따르면 유아들이 경험하는 첫 번째 공간 개념이다. 유아들은 자신의 위치와 관점을 기준으로 하여 모든 사물을 판단한다. Euclid안 기하는 2, 3차원의 공간에서 모양과 대상물에 관한 기하이며 대상물의 특성을 파악할 수 있고 단순한 규칙이나 형식으로 조직화될 수 있다.

좌표기하는 2, 3차원 공간에 단순하거나 복잡한 상용을 하는 좌표계를 도입하는 것이다. 변환기하는 동작기하, 혹은 돌리기, 밀기, 회전의 기하학을 말한다. 이러한 기하학의 요소들을 유아들은 비형식적인 수학활동, 일상생활과 접하는 가운데 이를 이룰 수 있어야 한다.

공간능력은 기하를 이해하는 것뿐만 아니라 수학의 추론과정에서도 중요한 역할(Izard, 1990; Sgroi, 1990; Shaw, 1990; Wheatley, 1990)을 하는데 유아기보다는 청소년기 이후에 수학과 공간능력 간에 유의한 상관이 있는 것으로 나타났다(Battaista, 1990; Casey, Nuttall, & Pezaris, 1997). Moses(1980)는 유능한 수학 문제 해결능력을 가진 사람은 낮은 문제해결력을 가지고 있는 사람보다 더 많은 정신적 상을 사용하고 있음을 밝혔으며, Turner(1982)는 정신적으로 변형하고 비교하는 능력이 적분을 계산하는 능력과 유의한 상관이 있음을 밝혔다.

유아기의 공간능력이 학령기에도 수학의 밑바탕이 되기 위해서는 교육과정을 통해 체계적인 교육이 이루어지는 것이 바람직하다. 홍혜경(2004)은 우리나라의 6차 유치원 교육과정과 7차 초등학교 교육과정, 미국의 유아와 초등저학년의 수학 교육과정의 내용체계를 비교 분석하였다. 그 결과 우리나라의 교육과정에서 보면 공간과 도형영역의 경우 유치원에서는 위치와 방향의 관계를 다루고 있으나 초등에서는 위치, 방향, 좌표, 공간적 추리 등을 다루지 않고 도형과 변형에만 초점을 두고 있음을 밝혔다. 또한 미국의 경우 공간 내용에서 3-4세 유아부터 위치, 방향, 좌표를 활용하는 내용과 평면 도형의 이동, 회전, 뒤집기 등의 내용도 포함하고 있으며 5-6세의 경우에는 선대칭, 회전대칭의 내용도 포함시키고 있다. 초등학교 저학년에서는 시각화와 공간 추리 등의 내용을 기하, 수, 측정의 학습과 관련짓는 내용까지도 다루고 있다. 결국 우리나라의 경우 유치원과 초등학교의 연관성과 계열성이 부족하며 공간의 다양한 영역이 교육내용으로 다루어질 필요가 있음을 알 수 있다.

종합해 보면 공간능력은 기하를 이해하는 도구로서뿐 아니라 수학적 성취와 관련이 있으며 우리나라의 교육과정에서는 좌표, 회전, 이동 등의 보다 다양한 내용을 포함해야 하고 초등학교와의 연관성을 찾아 교육과정을 구성하는 노력이 필요한 것을 알 수 있다.

3. 조형과 공간능력

표현을 중심으로 하는 조형 활동에서 공간지능을 주로 사용하게 되며 시각이 주로 작용하며 평면적 공간과 관련된 것은 회화이며, 촉각을 사용하여 입체적 공간을 나타내는 것은 조각이다(小林盛太, 1991/2004). 회화와 조각 작품을 통해서 나타나는 공간성은 조형적인 공간(조미현, 1982)으로 선, 형, 색, 양감, 공간, 운동감 등의 조형요소에 의해서 형상화된다(김성종, 2005).

조형 활동에서 나타나는 공간능력은 그리기의 발달단계와 회화, 조각 작품을 통한 조형적 요소로 나눌 수 있다.

그리기의 발달단계에서 형태를 표현하는 양식과 기저선, 그리고 그림을 종이에 배치하는 것에 따라 유아의 공간 개념의 형성과정을 찾아볼 수 있다. 영아기의 유아들은 물건을 쥐는 힘이 생기면서 크레파스, 연필 등으로 주변 공간에 자국을 만든다. 이런 과정에서 자연스럽게 형태, 색, 크기를 표현하기 시작한다. 초기에 발생하는 여러 가지 끄적거리기와 같은 그림들은 역동적인 경험과 시각적 활동, 신체적 활동 간의 조절하는 법을 연습하는 것과 관계가 있다. 유아의 그림은 2-4세의 무질서한 직선과 곡선을 포함한 자발적인 끄적거리기로 시작하여 자신의 낙서 형태에 이름을 붙이는 시기에서 유아기에는 기호가 발달하며 사람을 표현하는 기본형이 나타나 일정한

양식을 띠게 되며 7−9세에 이르러 색과 형태에 대한 도식을 갖고 기저선을 그리게 된다(Lowenfeld, 1947).

〈그림 Ⅴ−3〉 영유아의 그림 발달과정

관찰을 통한 그리는 활동은 공간 개념을 다루는 능력을 요구한다. 아동이 공간을 어떻게 개념화하는지, 어떻게 연속성, 수평상태, 수직상태를 통해 보존을 증명하는지는 그림에 명백하게 나타난다(Malchiodi, 1998). Willats(1977)는 탁자 위에 놓인 물체를 그리는 연령별 발달적 변화에서 5세 유아들은 탁자를 표현하기 위해 직사각형을 그리고 나서 나머지의 물체들은 탁자 위에 둥둥 떠 있는 것으로 표현하는 것을 발견했다. 7, 8세가 되어서야 탁자를 직선으로 그린 선 위에 물건을 배치하고 9세 정도에 깊이를 나타내기 시작하는 것으로 밝혀졌다. Arnheim, Mcfee와 같은 지각을 중시하는 학자들은 유아들의 지각적 변별이 전체에서 부분으로 이어지며 지각이 발달됨에 따라 사물을 표현하는 능력이 점차 세부적으로 증진된다는 것을 시사하고 있다.

그림의 배치에 있어서도 공간적 사고가 나타나는데 Lowenfeld(1947; Lowenfeld & Brittain, 1982)는 4-7세 유아들의 그림에서 윤곽선이나 위치, 디자인에 대한 무의식적인 접근이 나타난다고 하였다. 윤곽선이나 크기에 관계없이 한 페이지에 물체를 모두 배치하는데 이는 물체의 위치관계와 방향에 관심을 갖지 않기 때문에 종이의 꼭대기 또는 가장자리에 자유롭게 배치하고 어떤 것은 맨 위쪽이나 맨 아래쪽에 그리기도 한다. 공간배치에 대한 인식 부족은 전 조작적 사고, 아동의 개념에서 바깥 세상에 대한 공간관계가 성립되어 있지 않은 시기와 동시에 발생한다. 그러나 종이 위에 사물의 배치가 논리적이지 않게 나타나는 것과 달리 아동은 형태에 대한 자신만의 배치 규칙인 개인적 시각논리를 지니고 있다(Malchiodi, 1998/2001).

조형과 공간능력의 연관성이 높은 이유는 공간능력의 시각화에서 즉 대상을 시각적으로 분석하고 재구성하는 능력, 즉 시각적 요소와 표현, 상징으로 표현하는 표상적 과정이 필요하기 때문이다(한유미, 2002; Caldera, McDonald, O'Brien, Truglio, Alvarez, & Huston, 1999). Orde(1997)는 그리기와 공간능력이 정보처리에 있어서 같은 뇌기능이 작용을 하며 시각적 표상의 결과물로서 그리기는 구체적인 산물을 추상적인 상징으로 전환시키며 이 과정에서 하나의 정보가 다른 것으로 변환되는 인지적 조작이 이루어진다고 보았다. 이에 따라 그리기나 미술활동에 대한 교육적 접근을 통해서 공간능력을 신장시킬 수 있다고 하였다. Clark(1989)는 그리기 능력검사(Clark's Drawing Ability Test: CDAT)에서 공간능력과 그리기 간의 공통적 요소를 제시하였는데 공간능력은 공간적 관계, 공간방향, 공간시각화의 세 범주로 나누었으며 내용은 다음 <표 Ⅴ-1>과 같다.

〈표 Ⅴ-1〉 공간능력과 그리기 간의 관계

공간적 시각적 범주	그리기 범주
• 관계 - 주어진 형태의 특성을 기억하거나 찾아내기	• 투시 • 짜임 • 비율 • 크기
• 방향 - 다른 방향에서 형태나 부분을 알아차리기	• 모양 • 행위 • 세부묘사
• 시각화 - 크기, 위치, 방향이 달라지거나 숨어 있을 때도 형태를 알아차리기	• 공간 후퇴 • 배치 • 상상

이러한 요소 간의 상관관계로 인하여 그리기와 공간능력 간에는 긍정적인 상관이 있는 것으로 알려져 있으며, 특히 기술적 그리기, 금속작업, 나무작업과 같이 세분화된 미술 관련 기술과의 상관 정도가 높은 것으로 나타났다(Eliot & Smith, 1983). 그리기와 공간능력 간에는 개념적인 요소를 공유하는 것뿐 아니라 훈련과정에서 촉각적이며 운동적인 능력이 요구되며 결과 면에서도 두 가지가 모두 시공간지각의 정확성을 요한다는 점에서 밀접한 연관성이 있다(Orde, 1997).

조형예술에서 공간은 공간의식을 구성하는 감각의 종류에 따라서 운동 공간, 촉각적 공간, 시각적 공간으로 구분한다. 운동 공간은 정지, 늘어나는 것과 줄어드는 것, 느린 것과 빠른 것, 멀고 가까움 등의 지각을 동반하는 일차원적인 방향의 공간으로 시간적인 요소와 관계가 깊다. 촉각적 공간은 거칠고 매끄러움, 날카롭고 둔탁함, 단단하고 무름, 가볍고 무거움 등을 지각하는 이차원적인 면의 공간으로 언제나 덩어리(mass)로 의식된다. 시각적 공간은 색과 빛 그리고 형 등의 복잡한 인지 지각 내용을 포함하는 한편 운동 공간과 촉각적 공간까지도 재생감각을 통하여 종합적으로 파악할 수 있는 조형예술, 특히 회화에서 기본적인 공간이다(김정희, 김성숙, 김혜숙, 안금희, 이성도, 이주연, 황연주, 2003). 이러한 회화와 조형에서 표현되는 공간에 대한 생각은 유아와의 감상활동을 통해 미술의 기본요소를 다루는 수업 과정에서 이루어질 수 있다. 공간능력과 조형적 요소와의 연관성을 밝힌 연구들(고은아, 1995; 한유미, 2002; Bickley – Green, 1995; Kohl & Gainer, 1996)은 공간능력이 미술적 표현과 감상을 통해 향상될 수 있으며 상호 보완적인 관계는 수학 개념의 형성도 돕는 것으로 나타났다.

이상에서 살펴본 바와 같이 조형과 공간능력 간에는 그리기와 그림의 배치, 회화와 조형작품의 공간적 요소들이 관련을 맺고 있으며 유아의 공간능력을 향상시키기 위해서는 그리기 활동과 함께 감상도 함께 이루어져야 함을 알 수 있다.

4. 언어와 공간능력

공간언어와 관련한 연구는 수학적 개념을 근거로 한 위상학, Euclid적인 공간 개념을 전제로 하여 발달적인 차원에서 발달시기에 따른 어휘의 획득 이해 정도에 관해 이루어져 왔다. 공간관계를 표상하는 과정에서 공간어휘를 사용하는 능력이 중요시되고 있는데(김현, 김만, 2005; Clements & Sarama, 2005; NCTM, 2000), 이는 공간언어의 사용이 인간이 공간을 표상하고 추론하는 방식에 영향을 미친다는 연구(Hermer – Vasquez, Moffet, & Munkholm, 2000; Loewenstein & Gentner, 2005)와 맥을 같이하는 것으로 보인다. 우리는 '가방이 어디에 있나요?', '학교는 어떻게 찾아가야 하나요?'와 같은 대화를 통해 공간에 관한 언어의 사용과 이해를 하며, 공간어휘는 전체 어휘의 20% 정도를 차지할 만큼(Levinson, 2003) 사용빈도가 높은 범주에 속한다. 공간어휘는 나름의 독특한 특성을 지니고 있으며 공간어휘의 생성과정과 구조적인 특징 등을 살펴보는 과정이 필요하다.

공간어휘가 생성되는 과정은 차원을 한 점을 중심으로 하여 몇 개의 방향과 크기를 나누어 가지느냐에 따라 달라진다(양태식, 1985). 한 점을 중심으로 하여 하나의 방향과 크기를 갖고 생성되는 것이 1차원 공간인 '선'이고 한 점을 중심으로 하여 두 개의 방향과 크기를 가지고 생성되는 것이 2차원 공간인 '면'이며 한 점을 중심으로 하여 세 개의 방향과 크기로 생성되는 것이 3차원 공간인 '체적'이다. '선'에 대한 인식이 '길이'라는 개념이고, '면'에 대한 인식이 '넓이'라는 개념이며, 또 '체적'에 대한 인식이 '부피'라는 개념이다. 길이, 넓이, 부피는 각각 하위 개념을 가지며 길이는 거리, 높이, 깊이와 연관이 있고, 넓이와 관련되는 것은 두께이고 부피와 관련되는 것은 굵기이다.

길이, 면적, 넓이, 거리, 높이, 깊이 등을 포함한 공간어휘가 지니고 있는 체계를 배해수(1983), 이어령(2000), 임지룡(1984), 임혜원(2003) 등의 연구를 기초로 하여 그 구조적인 특징을 살펴보면 다음과 같다.

첫째, 공간어휘는 반의관계를 지니고 있다. 언어 구조에 있어서 구분을 반의관계를 중심으로 나눈 Leech(1981)의 분류에 비추어 보면 극대칭 체계를 지니고 있음을 알 수 있다. 크지도 작지도 않은 중간단계를 중심으로 하여 (+) 방향과 (−) 방향으로 대칭되어 있다.

'길다'라는 단어의 경우 직선의 길이가 기준점에서 (+) 방향이며 '짧다'는 (−) 방향이다. 이런 극대칭 체계로 인해 한쪽(+방향)은 더 자주, 더 널리 나타나 대립관계의 배경이 되고, 다른 방향(−방향)은 드물게 나타나나 더 뚜렷한 의미를 갖게 되는 특성을 끌어낸다.

둘째, 공간어휘는 기준을 중심으로 하는데 기준은 논의되고 있는 대상에 따라 상대적인 가치를 지닌다는 것이다.

셋째, 공간어휘는 다의적인 의미를 지니고 있다. 사전의 뜻매김을 중심으로 하여 공간어휘의 의미를 찾아보면 이희승 편의 국어대사전을 기준으로 하여 '길다'는 2항목, '짧다'는 6항목, '높다'는 7항목, '깊다'는 5항목, '넓다'는 6항목, '작다'는 7항목의 서로 다른 뜻을 가지고 있는 것으로 나타났다.

넷째, 공간어휘는 영상도식적인 요소를 담고 있다. 그림 요소를 바탕으로 하는데 이는 이동, 그릇, 척도도식으로 나뉜다.

다섯째, 공간어휘는 신체적 경험에 근거한다. Fillmore(1971)는 우리가 공간을 지각하는 데 있어서 인간중심적인 심리의 특성을 나타내는데 이것은 자기를 기준으로 다른 사물에 대하여 상대적인 공간관계를 나타내는 것으로 예를 들어 인간의 특성인 수직과 수평 방향을 기준점으로 하여 위－아래, 앞－뒤, 오른쪽, 왼쪽을 인식한다고 보았다.

여섯째, 공간어휘는 인간의 보편적인 인지 능력과 관련된다. 홍기선(2003)은 언어 습득이전 단계부터 이미 보편적 인지 능력에 의해 공간이나 이동범주, 도식에 대해 어느 정도 이해하고 있으며, 이러한 지식을 가지고 특정 언어의 입력을 접하게 된다고 하여, 언어 보편적인 인지과정으로서의 공간 개념의 경험을 지적한다. 이러한 주장의 근거로 다음의 몇 가지 사실을 들고 있다. 첫째, 유아들은 생후 몇 개월 이내에 방향, 물체의 이동 경로와 같은 공간에 대한 개념을 갖게 된다. 둘째, 여러 언어에서 유아들은 공간어휘를 안(in)/밖(out)/아래(under), 가까운(next)/－로(to)/옆(beside)/사이(between)/앞에(in front of)/뒤에(behind) 등의 순서로 습득하는데 이는 Piaget가 제시한 공간이해 순서와 일치한다. 셋째, 유아들의 언어 사용에서 틀린 확장(underextension), 과적용(overextension)과 같은 자기 나름의 개념화 방식을 엿볼 수 있는 현상이 나타난다. 넷째, 유아들은 위로(up)/아래로(down)/밖으로(out)/닫힌(off)/열린(open) 등 관련되는 단어를 배웠을 때 일반화를 빨리시키는데 이를 통해 이미 유아들이 관련되는 개념들을 알고 있다는 것을 알 수 있다.

공간어휘의 중요성에 관해 Loewenstein과 Gentner(2005)는 다음의 4가지 이유를 제시하고 있다. 첫째, 동사, 전치사와 같은 관계적 언어는 명사보다 물체의 관계를 표상하는데 더 많은 영향을 준다. 둘째, 공간에 관련된 단어는 언어 전반에 걸쳐 상당한 변화성을 보여 준다. 셋째, 공간언어는 지각적 영역에 속하기 때문에 언어의 사용이 있는지 없는지 평가할 수 있는 비언어적 준거를 마련하기 쉽다. 넷째, 공간적 관계성은 공간적인 분야뿐 아니라 비공간적 분야에서 본질적인 중요성과 광범위한 적용성 때문에 중요하다. 즉 공간어휘를 사용하는 것은 다양한 장면에의 적용과 활용이 가능하다는 장점이 있다.

공간어휘를 사용하는 것은 매일의 일과에서 자주 발생하지만 공간언어를 잘 사용하기 위해서는 몇 가지의 사실을 염두에 두어야 한다. 첫째, 거리와 방향에 대한 지식은 세밀하고 정교하게 기억에 부호화된다. 둘째, 공간을 부호화하고 특별한 상황을 설명할 때 이용될 많은 다양한 참조의 준거들이 동시에 존재한다. 말하는 이는 참조의 여러 준거들 중에서 선택해서 말하기 때문에 듣는 사람이 자신이 의도하여 말하는 참조를 알고 있는지를 감안해야 한다. 셋째, 공간에 관해 이야기할 때 공간 참조물을 한 번에 일직선에 늘어놓는 양식에서 공간적 관계를 부호화해야 한다. 즉, 듣는 이가 알고 있을 가장 핵심적인 것으로 고려되는 공간적 관계의 부분요소들뿐 아니라 선택된 공간적 관계를 제시할 순서도 구성할 수 있어야 한다. 이러한 과정은 동시적인 공간적 정보를 순차적인 것으로 정보를 처리하는 능력을 요구한다. 따라서 공간관계에 관해 의사소통을 하는 것은 어휘를 아는 것만으로는 충분하지 않다.

공간관계를 나타내는 의사소통 과정에서, 말하는 이와 듣는 이가 상대적인 역할을 수행해야 한다. 공간적 대화에 성공하기 위해서는 말하는 이는 사회적 상호작용과 문화적 인습에 대해 이해하는 과정이 필요하며 언어적 문화적 공동체가 공간에 대해 말하는 양식을 습득해야 하고 가능한 한 이해하지 못하는 부분에 대해 듣는 이가 보이는 얼굴표정을 살피는 등의 노력이 필요하다. 듣는 사람은 말하는 사람의 설명에서, 범주를 표시하는 용어에서 거리와 방향을 찾아내고, 말하는 이가 생각한 참조의 준거가 무엇인지를 결정하여야 하며 순서에 따라 제시된 공간관계를 통합해야 하고 공간적 세계에 대한 통합적인 관점을 형성해야 한다.

이상에서 살펴본 바와 같이 효과적으로 공간관계에 관해 의사소통하기 위해서는 공간적 지식, 언어적 기술, 사회적 이해와 자기 자신을 모니터할 수 있는 능력이 종합적으로 작용해야 한다(Newcombe & Huttenlocher, 2003).

공간언어에 관한 연구들은 공간언어가 지닌 특성들은 공간을 부호화하는 데 영향을 미치며(Landau & Jackendoff, 1993), 사람들이 자신의 언어에서 공간 단어의 특성을 사용하는 것에 근거하여 공간을 다르게 부호화(Levinson, 1996; Pederson, 1995)하여 같은 단어라 할지라도 문화마다 공간을 나타내는 것이 다른 의미를 지니게 되며 유아들은 자신들이 들은 공간 단어에 영향을 받는 속도와 순서에 따라 공간 개념을 형성한다(Bowerman, 1996; Choi & Bowerman, 1991)고 밝히고 있다.

유아가 공간어휘를 획득하는 순서는 일반적으로 공간 개념의 발달 순서와 일치하는데 생후 2년 동안 많은 단어들을 획득하고, 전문화에 걸쳐 '안', '－에', '아래'와 같은 단어를 제일 먼저, 그 다음으로 참조물을 사용하여 표현하는 '옆', '사이'와 같은 단어를, 가장 나중에 '왼쪽', '오른쪽' 어휘를 익히는 것으로 알려져 있다(Halpern, Corrigan, & Aviezer, 1983).

공간관계 이해의 발달적 경향을 조사한 연구들(서현순, 진명희, 2004; 윤경혜, 1991)은 Piaget가 제시한 순서대로 발달하며 3－5세 사이가 위상학적 공간 개념의 급격한 발달을 이루는 시기임을 밝혔다. Euclid적 공간 개념은 2－5세까지 발달하는 것으로 위상적 공간 개념과 Euclid가 복합된 공간 개념은 4－7세 사이에 급격한 발달을 이루는 것으로 나타났다.

김순옥(1984)은 좌우 개념의 발달적 경향을 조사한 연구에서 5, 6, 7세에는 자기 입장에서 왼쪽, 오른쪽의 개념이 형성되고, 8세에는 타인의 입장에서 판단할 수 있게 되며, 9세 이후에는 왼쪽, 오른쪽의 위치관계 및 사물, 그리고 대상과의 관계 개념도 발달한다고 밝혔다.

선행연구들(김경아, 1998; 김영주, 2003; 이경우, 1989)에서 제시한 유아들에게 적합한 공간어휘로 위치는 위, 아래, 옆에, 밑에, 가운데, 앞(에), 뒤(에), 꼭대기, 밑, 사이를, 방향은 위로, 아래로, 오른쪽, 왼쪽을, 거리는 가깝다(가까이)와 멀다(멀리)를, 높이는 높게, 낮게를, 개폐는 안, 밖, 주위, 둘레 등의 단어들이 있다.

언어와 공간능력 간의 관계를 종합해 보면 공간적인 어휘의 사용은 공간관계를 추론하고 표상하는 방식에 영향을 미치며 이러한 양식은 문화마다 다르게 나타나고 있다. 또한 공간적인 관계에 관해 의사소통하는 과정에는 각 문화권에서 사용하는 공간에 대한 암묵적인 합의의 과정이 있으며 효과적인 의사소통은 공간지식과 사회적 이해, 언어적 기술이 필요한 통합적인 과정임을 알 수 있다.

5. 지리와 공간능력

　지도를 보고 지도를 이해하고 그리는 능력은 공간능력과 밀접하게 연관되어 있는데 이는 지리적 능력이 유아가 환경을 탐색하면서 발달시키는 공간개념에 뿌리를 두고 있기 때문이다(조은진, 안남이, 2002). 즉 지도가 담고 있는 모양, 위치, 거리, 방향, 위도, 경도, 축도의 표상을 사용함으로써 사물, 도시 간의 공간적인 거리를 알게 된다(Ness, 2004).

　유아들의 지도 읽기와 이해능력의 발달을 위해서 전제가 되는 요인으로 Hatcher와 Barbara(1979)는 4가지의 핵심개념 즉, 표상, 상징화, 조망, 척도를 이해하는 것이 필요하다고 지적하였다. 지도이해에서 표상은 절대적인 위치를 차지하며 지도가 어떤 곳 장소를 표상하는 것임을 인식해야 한다는 것이다. 또한 지도가 땅과 물의 색, 기호, 고속도로의 선과 같은 다른 상징을 사용하는 장소의 표상이라는 것도 알아야 한다. 이 과정에서 유아들은 표상과 상징이 실제 사물을 대표하여 나타내는 것을 이해해야 하므로 상징에서 실제와의 유사한 점을 추론할 수 있어야 하며 실제 사물과의 대응성과 공통요소 간의 대응이 잘 이루어지지 않을 경우 잘못된 이해로 이끌 수 있다고 하였다(Liben & Yekel, 1996). 따라서 유아기에 지도를 사용하기 위해서 두 가지의 대응, 즉 지도와 실세계 사이에 존재하는 요소와 요소 간의 대응과 공간관계적인 대응을 이해하는 것이 필요하다(문현경, 박영신, 2003; Huttenlocher, Newcombe, & Vasilyeva, 1999; Liben & Yekel, 1996).

　지도를 통해 실세계에 대한 공간적 이해를 발전시켜 나가는 단계를 Martin(1995)은 3단계로 제시하고 있다(권미경, 2002에서 재인용).

<표 Ⅴ-2> 지도와 실세계 간의 공간이해 발전단계

	1단계	2단계	3단계
위치 (location)	• 위치를 지정하는 단어사용: 위, 아래, 앞, 뒤 • 지시를 따름: 위로, 아래로, 왼쪽, 오른쪽	• 지시를 따름: 동, 서, 남, 북	• 단순한 기준선 방위에 문자와 숫자를 사용 • 컴퍼스를 사용하여 학교 안 특성물들의 방향을 이야기함.
기호 (symbol)	• 자신만의 기호를 사용하여 지도 그리기	• 학급 전체가 동의한 기호를 사용하여 단순한 그룹 지도와 개인지도 그리기	• 기호들의 단서와 통일성에 대한 필요성을 보여 주기 • 규격화된 기호 사용하기
축척 (scale)	• 크기순으로 대상들을 정리 • '무엇보다 더 큰', '더 작은'과 같은 용어 사용	• 정사각형 종이를 이용하여 축적에 따라 대상을 그리기	• 정사각형 종이를 이용하여 교실의 간단한 계획도를 그리기
관점 (perspective)	• 모형설계 등을 사용하기 • 계획 견해를 보이기 위한 둥근 대상 그리기 • 모형농장 등을 만들기 위해 설계하기	• 계획하기 위해 대상을 내려다보기 • 항공사진과 대상들을 대응시키기	• 가능하다면 높은 지역에서 스케치 지도, 아니면 마을이나 농장의 모형 그리기
스타일 (style)	• 사진 지도에서 정보를 이끌어 냄. 지구본 이용	• 지구본에서 육지와 바다 구분 • 교사가 그린 기본적인 지도, 큰 규모의 OS지도, 우편엽서 지도사용	• 항공사진에서 특성들을 파악하기 • 해석을 위한 지도 수집 – 여행지도, OS지도
그리기 (drawing)	• 상상의 장소와 이야기에 나오는 장소를 그림 그리기	• 실제 및 가상 장소 표현하기 • 학교까지의 길 그리기	• 올바른 순서로 배열된 특성물을 보여 주는 짧은 길 그리기 • 침실, 놀이터 등의 기호 지도 그리기
지도이용 (map use)	• 스스로 그린 지도에 대해 이야기하기	• 계획을 이용해서 길 따라가기 • 학교에서 실제 건물 또는 사진 속 건물에까지 가는 계획을 이야기하기	• 대규모 지도 이용하기 • 다른 지역 지도 이용하기

<표 Ⅴ-2>를 보면 지도를 이용하며 공간적인 이해를 확장시키는 과정에서 첫 번째로 필요한 것은 유아들이 방향을 나타내는 말을 이해하고 사용할 수 있으며 그리기를 통해 물체를 상징화시켜 보는 과정과 물체 간의 크기를 비교하고, 지도를 표상하는 매체들로부터 정보를 해석하는 능력이라고 볼 수 있다.

이와 같이 지도를 이용하고 그리는 능력은 복잡한 인지적 과정을 필요로 하고, 지도가 담고 있는 도로, 산, 바다, 학교와 같은 상징물, 축척, 방위 등 복합적인 요소로 인해서 유아교육 과정에 도입할 것인지에 대한 논란은 지속되어 왔다. 여기에는 세 가지의 다른 입장이 있는데 하나는 Liben과 Downs

(1989, 1993)로 대표되는데 공간표상의 사영적 체계의 사용과 축척에 대한 이해를 포함하는 기술들이 아동기 전반에 걸쳐 천천히 나타난다는 Piaget의 이론을 받아들여 초등학교에 들어가기 전까지 유아들은 지도의 관계성을 거의 이해하지 못한다는 입장이다. 다른 하나는 유아의 지도에 대한 이해가 천성적으로 타고나는 것이며 아주 일찍부터 시작되며 지도에 관해 특별히 배우지 않더라도 지도를 이해할 수 있다는 것이다(Blaut, 1997b; Blaut & Stea, 1974). 이 견해는 지도에 관한 초기의 유능성뿐만 아니라 여러 종족과 전문화에 걸친 일반적인 능력으로서 공간표상의 상징적 의미를 부각시킨 데 의의가 있다. 세 번째는 Vygotsky, Rogoff 등의 견해를 따라 문화적으로 창조되어 사회적으로 공유되는 상징체계로서 지도이해의 발달을 설명하는 입장이다.

최근 유아들도 지도에 대한 기초적인 개념을 형성하고 있으며(Blades & Spencer, 1994; Blaut, 1997a; DeLoache, 1987) 유아기에 지도에 친숙하도록 하면 나중에 지도를 읽는 데 도움이 된다는 연구들(Maxim, 1997; Seefeldt, 1997)이 있다. 또한 지도의 실제와 교육적 경험이 정신적 회전과 같은 공간적 기술 면에서 잠재적 향상을 가져오는 것으로 밝혀져(Baenninger & Newcombe, 1995; Huttenlocher, Levin, & Vevea, 1998) 유아교육에서 지도 도입 효과를 긍정적으로 보는 입장의 근거가 되고 있다.

Blaut, Stea, Spencer와 Blades(2003)는 모든 문화권에서 아주 어린 유아들도 지도를 읽는 능력이 있다는 가정하에 4차례에 걸친 연구를 실시하였다. 연구 결과 전 문화에서 3, 4세 유아들도 지도에 관한 훈련과정이 없이도 항공사진을 통한 지도 읽기와 지도 내에서 다른 지점으로의 이동에 관해 이해하는 등 지도를 읽는 능력이 있는 것으로 밝혀졌다. Neil과 Linda(1977)는 지도가 담고 있는 정보로부터 3, 4, 5세 유아들이 물체들의 위치를 해석하는 능력을 다양한 조건의 지도를 통해 검증해 보았다. 방 내부를 일렬로 배열한 지도, 방의 외부를 배열한 지도, 방안 모습을 180도 회전하여 그린 지도, 방 외부를 180도 회전한 지도, 방의 외부에서 수직으로 그려진 지도를 통한 실험결과, 유아들은 지도를 읽는 기술이 3, 4세에 시작되지만 회전된 지도를 보정하는 능력은 5세가 될 때까지 발달하지 않는다고 밝혔다.

유아기에 지도를 도입한 연구들(Maxim, 1997; Robinson & Spodeck, 1965)은 거리, 방향, 척도를 소개하거나 교실모형을 구성하는 활동이 유아가 지리적인 지도와 지역과의 연결성, 거리와 방향을 이용해 장소와 위치를 찾는 능력과 같이 지도를 읽고 그것으로부터 정보를 추출하는 데 효과적이었음을 밝히고 있다. 지도를 통해 지리적 공간감각을 형성하기 위해서는 입체적 지도(Seefeldt, 1997), 동화 읽기(Hannbal, Vasiliev, & Lin, 2002) 등의 방법이 적당하다.

유아들이 지리적 감각을 이용하여 공간을 표상하는 것은 지도 그리기 활동으로 대표되는데 지도 그리기 활동에는 유아가 색을 통한 지리적 정보를 조직하고, 기록하고, 분석하고 해석하는 기술들이 포함되어 있다(현민숙 2001). 김혜연(2004)은 지도 그리기의 단계별 접근을 통해 지도 그리기가 공간능력에 긍정적 효과가 있음을 보여 주었고 권미경(2002)은 유아들이 블록놀이에 참여하는 정도에 따라 지도 구성과 그리기가 달라지는 양상을 살펴본바 블록놀이의 경험이 많을수록 입체지도 구성능력과 평면적인 지도 그리기 능력이 높게 나타나는 것을 밝혔다.

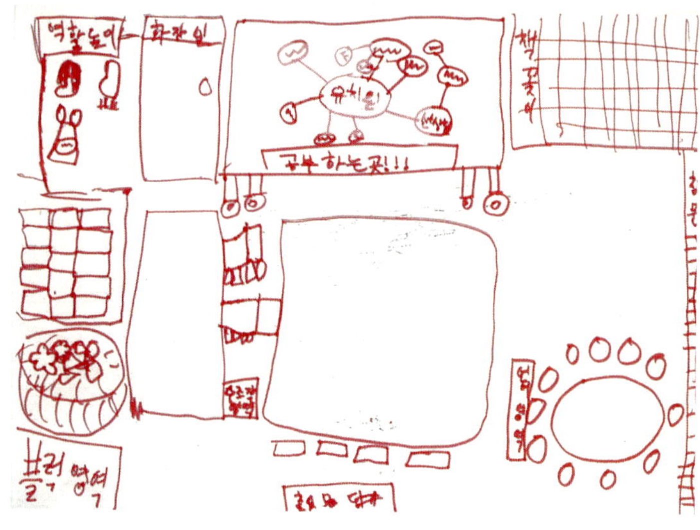

〈그림 Ⅴ-4〉 만 5세 유아의 교실 지도 그리기

〈그림 Ⅴ-5〉 만 5세 유아의 우리 동네 그리기

  이상에서 살펴본 바와 같이 지리적인 환경을 이해하는 과정과 지도라는 양식을 통해 정보를 얻고 해석하고 공간적인 지식을 지도로 표현하는 과정에서 지리와 공간능력은 밀접하게 연관되어 있다. 지도는 복잡한 인지과정을 요구하므로 유아들에게 지도를 도입할 때에는 유아가 지도에 친숙하게 되도록 유아의 생활환경, 즉 가정, 유치원, 익숙한 동네의 지도를 통해 접근하는 것이 바람직하다.

6. 과학과 공간능력

  흔히 '가깝고, 먼'으로 표현되는 공간관계나 '둥글고, 네모난' 등의 형태를 다루는 기하학적 개념은 구체적 물체의 준거를 수반하는 것으로 논리 수학적 지식과 물리적 지식의 혼합 형태라 할 수 있다. 수리적인 수학내용의 영역은 논리적, 상징적, 분석적 접근이 요구되는 반면, 공간과 기하의 영역은 직관적, 공간적, 비언어적, 총체적 접근을 허용하므로 유아에게 더욱 적절한 학습내용이 될 수 있다(이경우, 신은수, 진명희, 홍혜경, 1997). 영아기에 주변 환경에 대한 오감각을 활용하여 획득하는 크기, 무게, 공간감각 등을 비롯하여 영유아기 전반에 걸쳐 획득되는 분류, 순서 짓기, 공간관계의 이해는 기초적인 수학과 과학 개념을 이해하는 데 필요한 정신적 구조가 될 뿐 아니라 추후 대수, 통계, 측정, 힘, 운동, 소리, 빛 등과 같은 개념들도 이러한 정신구조에 기초하게 됨을 지적(Forster, 1999; 홍혜경, 2005에서 재인용)하고 있다.

공간관계는 수학, 과학의 공통 개념으로 공유할 수 있으며(NCTM, 1989), 교수 학습적 측면에서 함께 다룬 수학과 과학의 통합적 모델을 제시한 Berlin - White(1993, 1995)의 모형에서 수학의 측정, 패턴과 관계, 확률과 통계, 공간적 관계, 변인과 함수는 공통주제가 되므로 더 큰 개념의 구성에 공통적으로 적용하는 학습과정이 가능하다고 하였다(홍혜경, 2005).

학령기에 배우게 되는 지구과학, 화학, 생물 등 과학의 각 분야에서 공간능력과의 상관에 관한 연구들(김범기, 이항로, 김기정, 1996; 김봉섭, 정진우, 양일호, 정지숙, 1998; Pribyl & Bodner, 1987)은 화학의 분자구조, 지질구조, 천체의 운동 등 실질적으로 관찰과 반복적인 경험이 불가능하기 때문에 공간능력이 더욱 요구된다고 한다. Tracy(1990)는 공간능력과 과학성취도에서 공간능력이 높은 학생이 공간능력이 낮은 학생들보다 과학성취도가 높은 것으로 밝히고 있으며 Pribyl과 Bodner(1987)는 공간능력이 높은 학생들이 복잡한 화학적 반응과 2차원적 분자 표현의 조작을 더 잘하는 것으로 나타났다. 이런 추상적인 개념에서의 변환능력은 유아기의 직접적인 물체를 조작하는 가운데 그 바탕을 형성할 수 있다.

홍은주(1997)는 4세 유아와 5세 유아를 대상으로 자연관찰을 통해 목표물 맞히기에서 나타나는 물리적 지식을 생각의 변화와 구성적인 부분의 실수를 분석하였다. 그 결과 4, 5세 유아들은 공 던지기에서 점차 가까운 위치에서 목표물을 맞히려고 하거나 바로 앞, 뒤, 측면을 이용하여 공을 던지기도 하고 위치, 각도, 경사를 달리하여 공을 던지기도 하였다. 5세 유아들은 목표물 쌓기에서 사물의 크기, 면적의 비교를 하지 못해 순서대로 쌓지 못해 목표물을 쓰러뜨리기도 하였다. 목표물 간의 간격이 멀어서 한꺼번에 안 넘어질 경우 일렬로 높이 쌓는 모습을 보여 쌓기 놀이에서 공간적 사고와 물리적인 활동이 함께 이루어지고 있음을 볼 수 있었다.

구선희(1995)는 목적물 맞히기 활동이 유아의 공간 개념 발달에 미치는 영향을 알아본 결과 팥 주머니 던지기, 구슬치기 놀이가 4 - 5세 유아의 방향 개념과 왼쪽, 오른쪽, 거리 개념의 발달에 긍정적임을 밝혔다.

이상에서 살펴본 바와 같이 유아들은 물체를 물리적으로 조작하는 자연스러운 과정에서 공간능력을 향상시킬 수 있으며 동시에 과학적인 개념형성에도 긍정적임을 알 수 있다. 또한 이미지의 정신적 조작능력은 눈에 보이지 않는 과학적 개념 이해를 위해 필요하고 과학 성취에 영향을 미치고 있다. 따라서 물리적 조작활동을 통해 형성되는 공간능력이 지구과학, 지질학, 화학 등 기초과학의 원리를 이해하는 바탕이 된다.

7. 사회적 공간

공간능력이 인간에게 중요하게 인식되는 이유는 방향을 이해하거나 공간적인 관계에 대한 이해를 바탕으로 하는 문제해결 상황들이 매일의 일과에 포함되어 있기 때문이다. 유아가 감각과 지각작용을 통해 얻어진 공간에 대한 정보를 행동적인 요소로 전환하는 과정에서 공간에 적절한 행동을 보일 때 우리는 공간능력이 있다고 말할 수 있다. 영아들도 지각적 체험을 통해 공간 내에서 움직이는 법을 알 수 있게 되는데 교실에서 어떻게 움직일 수 있는지, 바깥놀이에서는 어떤 움직임이 허용되는지 등, 공간에 따른 움직임의 크기와 수준을 알게 된다(구수연, 2005).

공간에 대한 인식은 공간의 크기, 심리적인 변화, 공간의 특성, 문화적 차이 등 여러 가지 요인에 의해 영향을 받는다. Tuan은 공간, 그것이 우리에게 아주 친근하게 느껴질 때 장소가 될 수 있으며 공간이 크면 근육운동 감각적 및 지각적 경험을 형성하는 능력과 함께 변화가 필요해진다고 하였다. 어린 유아들은 넓은 공간을 친근한 장소로 통합하는 데 어려움을 갖는다고 보았다(이진경, 2000).

유아들은 놀이터, 쇼핑몰, 공원과 같이 장소에 익숙해진 이후에도 심리적인 요인에 의해 이러한 공간은 아주 낯선 것으로 변하여 자신이 가야 할 방향, 출구 등을 잃어버리고 만다. 또한 박물관, 미술관, 백화점, 운동장, 유치원 실내외에 따라 유아들에게 요구하는 공간에 따른 행동은 다른 것으로 기대하고 이에 어긋난 경우 기본적인 사회적 태도나 소양이 부족한 것으로 인식될 수 있다.

공간을 인식하는 과정에서 사회적인 의미를 부여하는 것은 새로운 것은 아니다. Kant가 공간을 인식론의 대상으로 끌어옴으로써 인류학, 사회학, 심리학, 수학분야에서도 관계적, 정의적, 사회적인 의미에서 공간을 바라보고 있다. Pinxten, van Dooren과 Harvey(1983)는 물리적 공간, 사회-지리적 공간, 우주적 공간 중에서 사회-지리적 공간은 대상과 사람과의 상호작용을 다루는 것으로 관계적인 의미를 지닌다고 보았으며, 지리에 대한 사회적 구성주의적 입장에서도 공간을 사회화된 양식으로 보아 물리적 공간의 개념을 사회적인 공간의 개념으로 전환하고 있다(김재일, 2001). 이는 인간을 배제하고 물리적 특성만을 담고 있던 지리적 공간이 인간을 포함하여 인간에 의해 만들어지고 인간의 인지양식에 따라 달라지는 물리적 공간으로서 지리적 공간을 보고 있다는 의미이다. Blaut(1999)는 대규모의 환경, 장소, 지리적 영토로서의 공간과 형식, 구조, 기하학을 의미하는 공간을 구분하여야 하며 이를 혼용하여 다루는 것은 유아들에게 혼란을 주는 요인이 된다고 하였다. 그리하여 심리학자와 지리학자들이 공간적 사고를 위해 함께 고민해야 한다고 한 반면 Coxford(1978)은 심리학과 수학교육자들이 강한 연대 속에서 공간과 기하에 대한 정보를 교환해야 한다고 하였다. 어느 쪽이 옳든 관계없이, 이러한 논쟁은 공간적 사고가 수학, 지리학, 심리학에 모두 관련이 있으며 유아들에게 공간능력을 갖추도록 돕기 위해서 이 영역들은 서로 통합되어 다루어져야 한다는 것을 시사하고 있다.

과 함께 자신이 속한 공간의 의미를 이해하고 해석하여 활용하여 타인과의 관계형성을 잘할 수 있다는 것을 유추할 수 있다. 유아가 사회적인 의미에서 공간능력을 갖는다는 것은 물리적인 공간 안에 잠재한 사회적 관습과 문화, 구성원 간의 약속 등에 따라 말과 행동을 조절하는 기술을 터득하는 것이다.

위에서 본 바와 같이 공간능력은 형태의 변화를 정신적으로 이해하기, 공간에서 신체를 조절하기, 공간관계에 대해 의사소통하기, 지도그리기, 물리적인 크기나 의미에 따라 행동양식 변형하기 등 다양한 유형으로 나타난다. 내용중심의 통합적인 접근은 종종 간과되어지므로(김영옥, 홍혜경, 2001; 이정욱, 2003), 교육과정의 주요 요소인 교육내용을 보다 치밀하게 반영하는 방향으로 수정 보완되어야 한다(Bredekamp & Rosegrant, 1995; 노영희 1999에서 재인용)는 입장에서 각 교과와 관련한 공간능력의 내용과 사회적 공간의 의미를 살펴보았다.

여러 학자들(Andrews, 1996; Charlesworth & Lind, 2003; Golebeck, 2005)은 이러한 공간능력을 따로 떼어서 다루기보다는 종합적인 접근이 필요하다고 지적하고 있다. Andrews(1996)는 공간감각은 신체적인 움직임을 바탕으로 하여, 퍼즐 맞추기, 놀이터 시설물 활동, 그래픽 언어, 동화책 등의 모든 것들이 공간감각을 형성하는 것으로 이야기한다. 공간은 유아들의 일상과 항상 접하고 있으며 이러한 모든 요소들이 통합적으로 발생하기 때문에 하나의 요소를 떼어서 가르치기보다는 전체를 포함할 수 있는 접근이 필요하다고 보았다. Golebeck(2005)도 공간적 소양(spatial literacy)은 학교교육과정, 수학, 사회과학, 미술, 언어를 포함하여 매일의 과정과 활동에 내포되어 있음을 지적하고 있다.

Charlesworth와 Lind(2003)는 공간이 교육과정 안에서 다른 영역과 밀접하게 관련되어 있어서 종합적으로 다룰 수 있음을 제시하였다. 영역별로 수학영역에서는 레고나 작은 블록과 같은 조작적 장난감을 사용하고 블록을 구성함으로써, 과학영역에서는 디자인 공예나 균형, 경사면을 포함하는 블록놀이를 통해, 미술에서는 대칭적인 디자인이나 모양을 배열하는 과정에서, 사회에서는 지도를 작성하는 것과 극 놀이를 통해서, 언어에서는 동화를 이용하여 공간에 대한 능력을 키울 수 있다고 하였다. 교육과정 내에서 공간에 대한 능력을 기르고 공간적 소양을 갖도록 통합하는 방법을 다음의 그림으로 제시하였다.

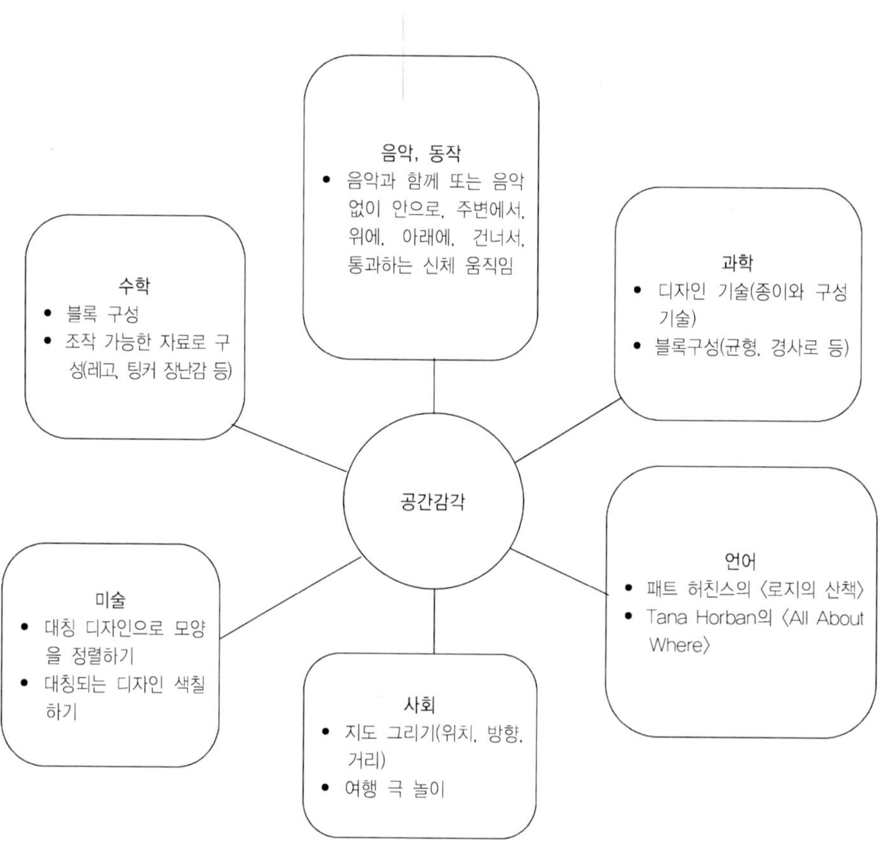

〈그림 Ⅴ-6〉 공간감각을 통합적으로 시도하기

위에서 살펴보았던 공간능력과 관련된 교과내용의 검토와 위 학자들의 의견을 종합해 보면 유아들의 공간능력은 유아교육기관에서 접하는 교육과정의 장면, 장면마다 연관이 되어 있음을 발견할 수 있다. 유아들이 접하고 인식하는 물리적 공간에는 이미 사회문화적인 의미가 내포되어 있으므로 형태

를 정신적으로 조작하여 추상적, 상징적으로 개념화하는 것과 더불어 유아
의 경험을 통해서 획득되는 물리적 세계가 지닌 사회적 의미와 사회구성원
이 요구하는 행동양식이 함께 다루어지는 과정을 통해서 비로소 유아들은
공간능력을 지니고 공간에 적절한 행동을 할 수 있을 것이다. 따라서 유아
교육기관에서 유아의 공간능력을 증진하기 위한 포괄적인 접근이 가능함을
보여 준다고 할 수 있다.

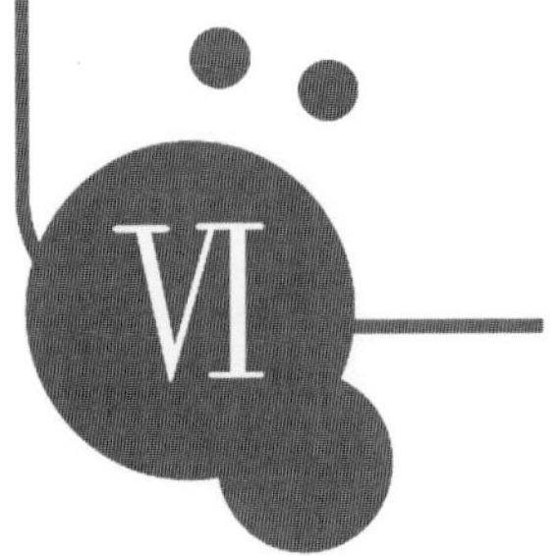

Ⅵ. 공간능력의 구성요소

1. 공간방향

공간방향은 공간 속에서 자신의 위치와 관련지어 위치의 관계를 이해하고 조작하는 것이다(Clements, 1998). 이러한 능력은 시각적인 표현을 이해하거나 두 표현 사이에 발생하는 변화를 이해하는 것과 관련이 된다(김수미, 2003). 즉, 어떤 시각적 패턴 안에서 요소들의 정렬을 이해하거나 방위가 변하여 어떤 입체가 제시되어도 혼동하지 않을 수 있으며 자신의 몸을 기준으로 공간적 방향을 결정할 수 있는 능력이다(McGee, 1979). 따라서 공간방향은 우리가 바라보는 3차원의 공간에서 위치를 점유한 사물들 간의 고유한 위치나 배열, 변환 등을 이해하며 조작할 수 있는 능력이라고 할 수 있다.

공간방향은 공간적 사고나 공간인지보다는 좁은 의미로 받아들여지며 Yaki-manskaya(1991)에 따르면 참조 준거의 사용과 환경에 대한 참조들 간의 관계성을 전제로 한다. 공간방향은 환경과 참조의 준거를 활용하는 것과 관련하여 정신적 상이나 물리적 표상의 개별적인 구성을 요한다.

Siegler(1998)는 이러한 능력을 자기중심적 표상, 지표물 중심의 표상, 타인 중심적 표상의 발달과정으로 제시했다. 첫 번째 단계인 자기중심적 표상은 자기 자신과 관련지어 위치를 이해하는 것이고, 두 번째 단계인 지표물 중심의 표상은 지표가 되는 물체를 활용하여 위치를 이해하는 것이며, 세 번째 단계인 타인 중심적 표상은 주위 환경에 있는 목표물을 객관적이고 추상적인 체계에 따라 나타내는 것이다.

공간방향의 능력에는 전체를 재편하기, 부분을 재편하기의 요소가 필요하다(Lohman, 1979). 전체를 재편하는 것은 그림 전체를 이해하는 것으로 한 표현으로부터 다른 한 표현으로의 지각적 변화를 인식하는 것이다. 하나의 그림을 여러 관점으로 살펴보면 여러 가지의 그림이 나타나는 것과 다중적인 표상이 이에 속하고 부분을 재편하는 것은 전체에 대해서 부분이 갖는 의미를 이해하는 것으로 전체에서 부분을 찾는 숨은 그림 찾기나 전체에 부분을 끼워 맞추기 등이 포함된다.

공간방향을 인식하며 사물이나 대상의 위치를 말하기 위해서는 사물들이 놓인 위치에 대해서 정확하게 앞, 뒤를 구분할 수 있는 능력이 필요하다(Levinson, 2003). 구체물의 기능에 따라 파악되는 현저한 특성이 존재하는데 자동차와 같이 앞뒤가 분명한 사물도 있지만 식탁처럼 앞뒤가 본질적으로 존재하지 않는 사물일 경우 관찰자와 마주 보는 위치가 앞이 되기도 한다. 이러한 특징 이외에도 사물을 지각하는 사람의 감정이입, 종교, 사람의 용모, 관찰자 중심인지의 여부도 공간적 방향을 언급할 때 고려되는 사항이다. 결국 유아들이 공간방향에 적절한 앞, 뒤, 오른쪽, 왼쪽과 같은 어휘를 사용하기 위해서는 여러 가지 사회적인 맥락을 이해하고 사회문화적으로 사회화된 언어를 습득한 후에 정확하게 사용할 수 있다고 본다. 따라서 유아들은 앞, 뒤, 안, 바깥, 왼쪽, 오른쪽 등과 같은 용어들이 사용되는 다양한 상황적 맥락을 경험해야 한다. NCTM(1989)는 공간 속에 있는 사물의 방향과 위치, 공간 내에서의 물체의 조망과 크기의 변화에 따라 모양이 어떻게 변화하는 지에 초점을 맞춘 많은 경험들을 하도록 권하고 있다.

공간방향성을 향상시키는 활동으로 대표적인 것은 컴퓨터 LOGO 게임이며 CD - ROM 트루디의 시간공간 여행, 동화 로지의 산책, 곰 세 마리 동극 등의 활동이 있다.

2. 공간시각화

공간시각화는 사물이나 사물의 움직임에 대한 시각적 이미지를 말하며 물체 그 자체의 변화 혹은 물체의 성질의 변화와 관련된 것으로 보고 있다. Tarte(1990)는 기하적 도형의 특정 변환을 예견하는 능력, 추론하기, 분류하기, 관계 짓기를 볼 수 있는 종합적인 능력으로 옮기기, 뒤집기, 돌리기와 같은 변환을 통해 형성된 위치나 공간의 변화를 추론, 분류, 관계 짓기 등의 사고 활동을 통해 올바로 예측하는 능력을 말한다고 하였다. 즉 공간적인 시각화와 공간적인 추리능력은 문제를 해결하기 위해서 정신적인 영상의 변형을 사고하고, 추론하는 능력이다(Casey, Kersh, & Young, 2004).

Presmeg는 공간시각화는 도형학습에 직접적인 영향을 주며 유아의 공간 능력에 이미지(image), 과정(process), 능력(ability) 성분을 포함하는 것이라고 하였다(Guitierrez & Jaime, 1993에서 재인용). 시각적인 상을 구성하고 변환하는 능력은 직관의 사용을 촉진시키고 이해력을 높여 융통성과 문제해결의 힘을 길러 주며 수학과제에서는 적용범위를 넓힐 수 있으며, 수학과 함께 새로운 사고의 방법을 학습하고, 스스로의 수학을 행할 수 있게 한다(Zimmermann & Cunningham, 1991). 이지요(1994)는 시각화의 가치를 수학의 행동의 모든 측면, 즉 지식의 이해, 적용, 종합, 문제해결, 심미적, 정의적인 측면 등에 결정적인 영향을 준다고 하였다.

공간시각화는 제시된 상의 부분들 간의 관계를 인식하고 조작할 수 있는 능력으로 공간에 대해 획득한 정보를 내면화하여 정보를 해석하고 일관된 정신적 상을 형성하는 표상능력을 요구한다. 일반적으로 어떤 형태를 한 방위에서 출발하여 회전시키는 심상화 작업은 그 형태를 실제로 회전시키는 것과 유사하게 진행된다(Cooper, 1975, 1976; Cooper & Shepard, 1973). Clements(1999)는 유아들도 심상의 역동적 움직임을 충분히 다루지는 못하지만 초보적인 변환능력을 갖고 있다고 하였다.

Browning과 Channell(1992)은 공간감각을 어린이들이 자신의 물리적 환경을 접하여 심상을 형성하고 다른 시각으로 변화를 시킬 수 있으며, 평면에 표현을 할 수 있으며 일반화된 심상을 형성하는 것이라고 하였는데 이는 공간감각에 시각화 능력이 아주 밀접하게 연관되어 있음을 시사한다고 볼 수 있다.

공간시각화를 도울 수 있는 단계별 과정을 Mckim(1972)은 3단계로 제안한 바 있다. 첫 단계는 보기(seeing) 단계로 구체적인 생각, 그려 보기, 패턴 찾기, 크기, 모양과 공간에서 실마리 알기, 시각적 인지를 향상시키기 위한 퍼즐, 게임 이용하기 등이다. 두 번째는 상상하기(imagining) 단계로서 시각적 회상, 마음속으로 대상을 조작하기, 구조와 추상 개념을 시험하기 등의 활동이 이루어진다. 세 번째 단계는 생각 그리기(Idea Skeching)로 마음속의 그림을 자유롭게 생각하면서 낙서하듯이 그리는 것에서 훈련된 낙서로, 다시 사실적인 그림으로 시각적 기억내용 그리기의 순서로 종이에 옮기는 과정이다.

Tillotson(1985)은 4가지 유형의 공간시각화 훈련 프로그램을 제시하였다. 첫 번째 단계는 관찰하기로 3차원 모델을 학생들에게 나누어 주고 여러 각도에서 관찰하도록 한 후, 2차원 그림에서 3차원의 위치를 찾아보기이다. 두 번째는 종이접기로 정사각형의 종이를 화살표에 그린 다음, 여러 가지 방법으로 접었을 때 반대편에서 나타나는 화살표를 찾아보는 활동이다. 세 번째는 종이 접어 오리기로 정사각형의 종이를 2 - 4회 정도 접은 후 어느

한 부분을 자른 후 종이를 펼쳤을 때 어떤 모양이 되는지 알아보는 것이다. 마지막은 문제해결 상황과 관련짓기로 문제해결 상황에서 시각적, 지각적 기능과 관련된 활동을 하는 것을 말한다. 정육면체를 여러 개 쌓아 놓은 그림을 보여 주고 정육면체가 모두 몇 개인가를 알아보도록 하고 한 단계 더 나아가 문장을 그림으로 나타내도록 하는 활동도 포함한다.

공간시각화 능력을 향상시키기 위한 것으로 구체적인 이미지(concrete images), 촉각적인 이미지(kinesthetic images), 동적인 이미지(dynamic)로 구분하고 유아들에게 이러한 이미지를 다룰 것을 강조하고 있다(Presmeg, 1986). 여러 학자들은 시각적 사고를 돕기 위해서 관찰하고 상상해 보고 여러 방법으로 그 이미지를 다루어 보기를 제안하고 있는데, 마지현, 윤가현(1994)은 이러한 심상을 형성하는 과정에 시간을 더 많이 주는 것이 정신적 회전의 속도가 빨라짐을 제안하고 있다.

공간시각화를 위한 활동을 제안한 연구들(김지영, 2005; 신준식, 1992; 안진경, 2005; 이석주, 1996; 한종화, 2003; Clements, 2003; Clements & Sarama, 2000; NCTM, 2000; Wheatley & Reynolds, 1999; Yakel & Wheatley, 1990 외 다수)에 따르면 도형의 형태를 머릿속으로 그려 보기, 지오보드 판에 구성된 형태를 잠시 본 후에 똑같이 만들기, 도미노 위에 점이 그려진 카드를 보고 점의 위치 찾기, 물체를 배열하여 유아가 관찰하도록 한 뒤 잠시 다른 곳을 보는 사이에 물체의 일부를 없앤 후 없어진 물체 찾기, 빠른 심상활동, 다양한 관점으로 블록구성물을 보거나 동일한 블록을 다양한 관점에서 본 사진 찾아보기 활동, 수적인 패턴 찾기와 시각적인 패턴 찾기, 상자 만들기 활동, 종이 접어 오리기 등이 도움이 되는 것으로 보고되고 있다.

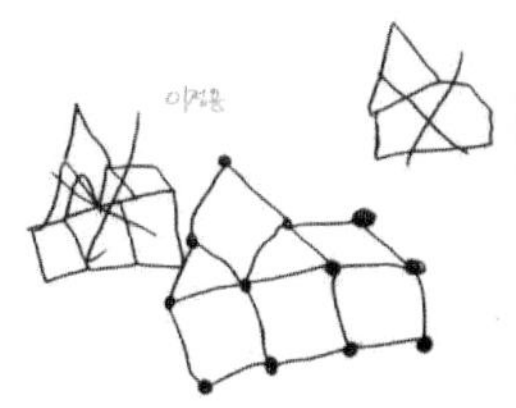

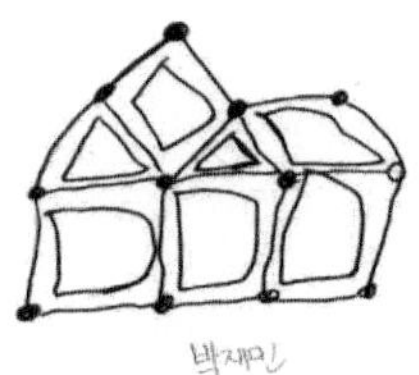

〈그림 Ⅵ-1〉 3차원의 형태 보고 2차원으로 표상하기

VII. 교수 전략

1. 문제 해결하기

문제를 해결하기 위해서는 문제에 대한 인식과 문제를 해결할 방법을 생각하고 제안하기, 제안한 여러 방법 중에서 최선의 방법을 선택하거나 실행 가능한 방법 선택하기, 결과를 예측해 보기, 해결방안을 실행해 본 후 결과에 관해 추론하기 등의 과정이 필요하다. 문제에 대한 인식을 정확하게 하기 위해서 유아들은 주어진 문제에 관해 깊이 있게 생각하고 여러 요소 간의 관계를 비교해 볼 수 있어야 하는데 특히 공간적인 요소는 3차원이라는 특성으로 인하여 보는 각도, 방향, 위치에 따라 공간적 관계가 다르게 보일 수 있으며 심상을 형성하는 활동이기 때문에 탐색과정이 더욱 중요하다고 볼 수 있다.

이를 위해 교사는 유아들이 충분한 시간을 가지고 관찰하고 의문을 제기할 수 있도록 격려하며 유아들이 인식하지 못하는 부분에 대한 암시를 제공함으로써 보다 종합적으로 문제를 인식할 수 있도록 한다. 예를 들어 '책상만 옮기는 자리만 생각하면 될까? 책상과 함께 따라다니는 것도 있을 거야.'라고 하여 공간을 구성하는 데 필요한 여러 가지 요소를 함께 고려하여 필요한 공간의 크기를 다시 고려해 볼 수 있도록 한다. 유아들이 제안한 방법들은 모두 즉시 실행하기보다는 예측하기를 통해 보다 논리적으로 문제에 접근하도록 한다. '만약 ~라면?'의 질문을 통해 가정된 상황 속으로 유아들을 이끄는 것이다. 가정된 상황 속에서 유아들은 공간적인 관계에 대한 주변 여건과 상황을 고려하며 문제해결을 위한 방법을 선택할 수 있다. 이런 예측하기는 유아들이 보다 논리적으로 문제에 대한 해결방안을 제시하고 문제해결 과정을 돕는 출발점이 된다. 유아들이 고려한 여러 해결방안들도 무조건 수용되는 것이 아니라 "왜 그렇게 생각하게 되었니? 그런 것을 본 적이 있었니?" 등의 질문을 통해 생각이 맞았는지, 유아들이 사고과정을 돌이켜 볼 수 있다. 이러한 과정은 유아들이 우연히 제시한 해결방안이 아니라 유아의 논리적인 사고과정을 통해 제안한 해결책이 가치 있다는 사실을 지속적으로 알려 줌으로써 생각하기를 훈련할 수 있다.

〈그림 Ⅷ-1〉 사각형을 완성하기 위해서 블록을 어떻게 배치할지 고민하는 유아

2. 상상하기

　상상하기는 형태의 변형이나 공간적 관계에 대한 심상을 형성함으로써 문제해결에 대한 직관력을 기를 수 있도록 한다. 형태를 변형하거나 공간을 조망하여 보는 정신적 활동을 통해 다양한 문제해결 전략을 가늠해 볼 수 있다. 상상하기는 형태에 대한 다양한 경험들을 근거로 하여 추상적, 객관적 형태의 변형을 시도하고자 할 때 "이 형태는 어떤 것과 비슷한 것 같니? 무엇이 생각나니?" 등으로 유아들의 경험과 맥락적으로 연결되도록 돕는 좋은 전략이다. 특히 입체적 공간 관계의 이해에서 일부분의 위치나 모양이 바뀌었을 때 그 형태가 어떻게 구현될 것인지에 관한 질문은 상상하기를 통해 사고과정을 촉진할 수 있다.

〈그림 Ⅶ-2〉 모양을 회전했을 때 위치가 어디로 바뀌는지 상상해 보기

3. 토론하기

토론하기는 여러 가지 생각을 지닌 유아들이 의견을 교환하는 행위와 생각을 통한 다툼으로 문제해결 과정에 접근하는 것이다. 유아들이 지닌 각자의 의견은 중요한 것으로 여겨지나 모든 의견이 문제해결에 도움이 되는 것은 아니므로 논리적으로 다른 유아를 설득하는 과정이 필요하다. 설득하기 위해서는 자신의 의견만을 주장하는 것이 아니라 자신의 의견에 대한 근거를 제시함으로써 다른 유아들이 동의하는 마음을 갖도록 해야 한다. 또한 토론이 활발하게 이루어지도록 교사는 정답을 제시하기보다는 "너희들이 생각한 방법은 뭐니? 어떤 방법이 좋을 것 같은지 의논해 볼래?" 등으로 유아들이 의견을 교환할 수 있도록 격려해야 한다. 이 과정에서 교사는 여러 유아의 의견이 골고루 반영될 수 있도록 하고, 유아들의 토론을 통해 얻어지는 결과가 서로 호혜적이면서 공정한 결정이 될 수 있도록 중재해 주는 역할을 해야 한다.

〈그림 Ⅶ-3〉 우주 비행장을 만들기 위해 의견을 교환하는 유아들

4. 표상하기

표상하기는 사물의 구체적 조작과 같은 경험, 토론과정에서 얻어진 개념들이 보다 체계적으로 유아들에게 내면화되는 과정을 돕는다. 표상하기는 생각과 개념을 글, 그림, 동작, 조형물 등의 다양한 매체를 통해 표현 가능하고 이를 통해 자신의 생각을 보다 정교화하고 다른 유아와 자신과의 관점 차이를 비교할 수 있도록 한다. 유아들은 선호하는 표상의 매체와 발달 수준에서 개인차가 있으므로 교사는 다양한 방법과 형식으로 표상할 수 있도록 도와주어야 하며 결과물들은 전체 유아가 공유할 수 있도록 해야 한다. 또한 하나의 표상방법만을 고집하는 유아에게는 표상의 여러 방법을 알려 주고 새로운 시도를 해 보도록 격려해 주어야 한다.

〈그림 Ⅶ-4〉 입체물을 만든 후 그리거나 그린 후 만들어 보는 유아들

5. 반성적 사고하기

　반성적 사고하기는 자신의 사고를 근간으로 하는 행위를 객관적으로 다시 바라보기를 시도함으로써 과정상의 실수나 오류, 앞으로 진행할 방향 등을 고려하도록 돕는다. 반성적 사고하기를 격려함으로써 문제를 해결하는 과정에서 제안했던 방법들이 결과적으로 어떤 영향을 미쳤는지, 문제 해결과정에서 놓친 부분은 무엇인지에 관해 살펴보도록 한다. 이러한 반성적 사고의 과정을 통해 유아들은 자신의 생각을 보다 정교하게 표현하는 능력을 기르게 된다. 또한 자신의 행위에 대한 결과를 예측해보기를 자주 경험함으로써 문제해결능력이 점차 향상된다.

〈그림 Ⅶ-5〉 자동차를 친구들에게 방해되지 않게 탈 수 있는 경로를 고민하는 유아

6. 유아의 경험과 관련짓기

학습의 효과는 학습자의 경험과 연결될 때 극대화될 수 있다. 따라서 유아에게 제시되는 활동은 일상적 경험과 연관된 활동에서 시작하는 것이 바람직하다. 예를 들어 좁은 공간에 물건을 많이 넣을 수 있는 방법을 교육내용으로 하고자 할 때 "소풍을 가려고 해. 과자를 많이 가져가고 싶은데 어떻게 담으면 과자를 많이 담을 수 있을지 생각해 보자."라고 하면 과자를 많이 먹고 싶은 유아의 마음과 유아들에게 친숙한 과자를 통해 모양, 길이, 굵기 등의 속성을 고려하여 문제를 흥미롭게 해결하도록 도울 수 있다.

유아의 경험과 관련짓기를 잘 하기 위해서는 유아가 일상생활에서 경험하는 문제적 상황을 공간적인 요소와 결합하여 유아들의 일반적 상황으로 전환시켜 생각해보도록 권유하는 과정이 필요하다.

7. 심리적 변화 다루기

공간능력은 3차원 물체 간의 관계를 나타내는 것으로서 공간을 이해하는 과정에는 심리에 영향을 미치는 시각, 청각, 후각, 촉각 등의 요소들이 작용을 한다. 따라서 공간관계에 대한 정보는 사물 간의 형태뿐만 아니라 감각적인 정보와 함께 전달된다. 또한 공간은 상대적이고 주관적인 성질을 띠므로 심리적인 요소가 바탕이 된다. 따라서 공간관계의 변화에 따르는 심리적인 변화를 표현하는 것도 공간이해를 바탕으로 공간능력을 증진하도록 돕는 전략이 된다.

VIII 교사의 역할

　교사의 역할은 어느 교과, 어느 수업방법에서든 매우 중요시된다. 이는 교사의 발문과 교사의 발견적 태도가 유아의 학습의 방향과 그 깊이 정도를 결정할 수 있기 때문이다. 공간 활동에 있어서도 교사의 역할은 매우 중요한데 그 내용을 다음과 같이 제시할 수 있다.

　첫째, 유아들의 활동에 대한 흥미, 현재의 발달 정도, 유아들의 잠재적인 수준을 결정하는 구성주의적 관찰자 역할을 한다. 활동을 통해 유아들이 흥미를 느끼는 요소를 파악하고 어려움을 느끼는 부분을 파악하여 다음 활동에 반영하여 유아들의 수준에 맞는 활동이 진행되도록 한다. 유아들이 지닌 흥미요소는 모두 다르게 나타나며 또한 발달 정도에 따라 문제에 접근하는 전략과 해결방법이 다르게 나타나게 된다. 교사는 공통적인 흥미요소를 포착하여 유아들이 전반적으로 흥미를 유지하며 활동할 수 있도록 한다.

둘째, 비형식적인 질문이나 제안 등을 통해 유아들이 공간관계에 관심을 갖고 언어를 사용하고 질문을 하는 방법을 익히도록 하는 모델링 역할을 한다. 사물의 위치나 공간적인 관계를 설명할 때 '선생님의 왼쪽 방향으로 세 번째 친구', '피아노 앞쪽에 앉은 친구', '선생님과 너무 가까이 앉아서 이야기하니 잘 안 보이네.', '비가 오는 날 소리는 어떻게 들릴까?'와 같은 언어를 사용함으로써 유아들이 비형식적인 형태로 공간 요소에 대한 자극을 유지하도록 한다.

셋째, 유아들이 흥미를 끌 수 있도록 교실환경에 게시물을 전시하거나 영역에 새로운 교재를 제시하거나 영역 구성에 변화를 줌으로써 동기를 부여하는 환경 조성자의 역할을 한다. 또한 유아들이 활동한 결과물을 재방문할 수 있도록 교실 곳곳에 전시하는 역할을 수행하며 이러한 전시를 통해 활동에 참여하지 않은 유아들도 흥미를 갖고 활동에 참여하는 기회를 갖게 된다.

넷째, 유아들이 의문을 제기하고 실험하고 의견을 교환하는 과정을 격려하는 지지자의 역할을 한다. 교사로부터 얻은 지지는 유아들이 활동에 보다 많은 흥미를 지니고 몰입할 수 있도록 하고 자신감을 통해 새로운 시도를 하도록 한다. 개별적으로 활동을 지지하거나 유아의 활동 결과물을 다른 유아와 공유하는 시간을 가짐으로써 또래로부터 긍정적인 반응을 얻도록 도움을 준다.

다섯째, 현재 유아들의 놀이와 유아 간의 상호작용 혹은 질문하는 과정 중에 공간적 문제에 관심을 갖고 학습적인 요소와 연결 지어 주는 역할을 한다. 유아들이 궁금해하는 공간적 요소는 매우 다양하다. 다음의 예를 한 번 살펴보자.

엘리베이터를 탄 후
유아(만 3세): 숫자가 이상해
교사: 어떻게 이상해?
유아: 이건 거꾸로야.
교사: 뭐가?
유아: 1, 2, 3, 4, 5인데(엘리베이터 층수를 누르며) 이건(지하 표시를 가리키며) 거
　　　꾸로잖아요.
　　　잘못 만들은 거죠?
교사: 아 - 위로 가는 것 아래부터 1, 2, 3, 4, 5층이라고 표시되어 있는데 지하로
　　　가는 건 왜 아래가 B2고 그 위가 B1이라고 쓰여 있는지 이상하다는 거구나.
유아: 네. 아래부터 1이잖아요.
교사: 그건 땅 밑을 표시한 것이라서 그래. 땅보다 아래라서 B1, 더 아래인 곳은 B2
　　　라고 쓰여 있단다.
유아: (모르겠다는 표정을 지으며 고개를 거꾸로 하여 바닥으로 머리가 향하게 한다.)
　　　그러니까 이렇게 내려가는 거죠?

　위 유아의 경우 지상을 표시하는 방식과 지하를 표시하는 방식에 대해 궁
금해하며 지하의 위치를 자신의 몸의 전체적인 위, 아래를 바꾸어 이해하려
는 모습을 보이고 있다. 이런 순간을 교사가 포착하여 유아들과 상호 작용
해 주는 역할이 매우 중요하다. 즉 유아들이 겪고 있는 공간적 문제 상황은
매일 발생하는 것이며 이러한 순간을 놓치지 않고 상호 작용해 줄 때 유아
들의 공간적 이해는 더욱 발달할 수 있다.

IX 공간능력 향상을 위한 활동의 실제

공간능력의 향상을 돕기 위한 실제 활동은 유아들이 공간방향을 이해하여 활용할 수 있는 능력의 향상과 공간시각화를 통한 사고과정의 증진, 매체를 통한 공간 표상 이해와 활용능력의 향상, 공간적 의미에 알맞은 행동양식을 습득하는 것을 목적으로 한다. 이러한 목적을 달성하기 위해 공간방향과 공간시각화라는 두 가지 범주를 기준으로 하여 활동이 구상되었으며 이러한 활동을 통해 유아들은 공간능력의 향상을 도모할 수 있을 것이다. 두 요소의 구체적인 내용을 살펴보면 다음과 같다.

공간방향

◇ 위, 아래, 앞, 뒤, 옆, 꼭대기, 밑, 오른쪽, 왼쪽 등 방향을 가리키는 어휘 이해하기
◇ 참조물에 따른 위, 아래, 앞, 뒤 등 방향을 이해하고 표현하기
◇ 방향에 따른 대상과 물체의 모양과 움직임 이해하기
◇ 공간관계를 나와 다른 사람의 관점에서 바라보기

〈그림 Ⅸ-1〉 공간방향의 내용요소

공간시각화

◇ 형태와 형태의 변형에 대한 공간적 심상 형성하기
◇ 공간관계에 관한 시각적 상 형성하기
◇ 공간관계 예측하고 추론하기
◇ 공간관계를 이야기하고 이야기를 듣고 표현하기
◇ 공간을 구성하는 다양한 상징, 기호 이해하기
◇ 공간관계에 대한 이해와 느낌을 언어, 그림, 지도, 블록 등 다양한 매체와 형식으로 표현하기
◇ 공간 표상 형식의 사회적 의미 이해하기
◇ 물리적 공간의 의미를 알고 적절한 행동 하기

〈그림 Ⅸ-2〉 공간 시각화의 내용요소

1. 활동 내용

활동명	풍선 치기
활동목표	방향을 가리키는 어휘를 들으며 풍선을 움직여 본다. 풍선을 치는 방향에 따라 떨어지는 방향을 예측하고 몸을 움직인다.
내용요소	위, 아래, 앞, 뒤, 옆 꼭대기, 밑, 오른쪽, 왼쪽 등 방향을 가리키는 어휘 이해하기 방향에 따른 대상과 물체의 모양과 움직임 이해하기
활동자료	풍선, 미끄럼틀, 색 테이프
활동방법	1. 바닥에 색 테이프를 이용하여 동그라미, 세모, 네모의 모양을 표시한다. 2. 유아들이 풍선을 각자 나누어 갖고 풍선의 움직임을 탐색한다. 3. 풍선이 떨어지지 않게 치기, 풍선을 치고 나서 풍선이 떨어지는 곳 예측하여 서 있기 등을 해 본다. 4. 교사의 지시에 따라 움직인다. (지시내용: 내 팔 안에 풍선을 가두어 보자. 머리 위로 올려 보자. 친구와 나 사이에 풍선을 두자. 원 안에 넣어 보자. 네모와 네모 사이에 풍선을 모아 보자. 친구와 마주 서서 풍선을 교환해 보자.) 5. 풍선의 움직임과 나의 몸의 위치에 대해 이야기한다. 6. 활동에 대해 평가한다.
연관활동	높이를 표현해요. — 비행기, 민들레, 나비, 잠수함 등 사물 그림카드를 보고 그 높이를 몸짓으로만 표현한다. 각각의 특징에 따라 높이를 표현하는지 살펴본다.

활동명	색깔 방을 꾸며요
활동목표	색깔에 따라 달라지는 공간의 느낌에 대해 이야기한다. 공간이 달라짐에 따라 우리의 행동이 어떻게 달라지는지 이야기한다.
내용요소	형태와 형태의 변형에 대한 공간적 심상 형성하기
활동자료	색깔 천(파랑, 노랑, 빨강 등)
활동방법	1. 유치원이나 어린이집, 혹은 집, 다른 건물들이 다른 색으로 칠해졌을 때의 느낌에 대해 이야기한다. 2. 교실 내의 일정 공간을 유아들이 좋아하는 색으로 꾸밀 수 있음을 이야기한다. 3. 유아들과 어떤 색으로 꾸미고 싶은지 토론한다. 4. 유아들이 결정한 색으로 꾸민다. 달라진 교실의 분위기를 느껴 본다. 5. 색깔이 달라짐에 따라 색깔 방에서 하고 싶은 일(책 읽기, 동시 짓기, 잠자기, 색깔 방에 어울리는 음료수 마시기, 노래 부르기 등)을 알아보고 순위를 정해 실행해 본다. 6. 유아들이 하고 싶은 일과 색깔과의 관계에 대해 이야기한다(예: 왜 파란색 방이었을 때 시원한 음료수를 마시고 싶었니?).
연관활동	동화 '파란풍선', '구름나라', '노란우산' – 색깔 방으로 꾸며진 방에서 동화를 들으며 느낌을 이야기한다.

활동명	어떤 달팽이 집이 가장 빨리 도착할까요?
활동목표	목적지에 도착하는 최단거리를 알아본다. 길이와 폭에 따라 다르게 느껴지는 거리에 관해 이야기한다.
내용요소	방향에 따른 대상과 물체의 모양과 움직임 이해하기
활동자료	물 주전자, 리본, 실, 자 등 거리를 잴 수 있는 물건, 초시계
활동방법	1. 바깥 놀이터에 물이나 리본을 이용하여 동그라미, 세모, 네모 모양의 달팽이 집을 그린다. 2. 길이와 폭을 달리하며 그린다. 3. 달팽이 집 모양과 폭을 보며 '어떤 달팽이 집이 더 빨리 도착할 수 있을지?' 알아본다. 4. 유아들이 예측한 이유를 들어 본다. 5. 유아들이 예측한 것을 알아보기 위한 방법을 의논한다. 6. 유아들이 제안한 방법으로 어떤 달팽이 집이 더 빨리 도착하는지 알아본다(직접 뛰어 보기, 길이를 재어 보기 등). 7. 모양과 길이, 폭에 따라 다르게 보이는 길의 길이에 대해 평가한다.
연관활동	바깥놀이에서 가장 빠른 길—바깥놀이를 하며 장소에서 장소로 이동할 때 가장 빠른 길은 무엇인지 알아본다.

활동명	잭크의 성에 올라가요
활동목표	사물의 높이 변화에 따른 길이의 변화를 예측한다.
내용요소	공간관계에 관한 시각적 상 형성하기 공간관계 예측하고 추론하기
활동자료	잭크와 콩나무 동화책, 성 그림이 그려진 OHP 필름, 종이 블록, 길이가 다른 리본
활동방법	1. 잭크와 콩나무 동화를 듣는다. 2. 게임대형으로 자리를 정해 앉는다. 다양한 길이의 리본과 블록을 준비한 바구니를 놓는다. 3. 하늘로 올라가는 성 그림을 OHP를 이용해 벽면에 투사한다. 4. 바닥에서 성까지의 블록을 쌓아 올리기 위해 어떤 길이의 리본이나 블록이 몇 개 필요할지 예상해 본다. 5. 출발 신호가 울리면 벽면에 그려진 성의 높이를 보고 블록이나 리본을 선택하여 성 그림까지 뛰어간다. 6. 성 그림에 도착한 후 자신이 가져온 블록이나 리본을 대어 본다. 바닥에서부터 성까지 블록이나 리본이 닿지 않으면 다른 것으로 바꾸어 온다. 7. 교사는 유아들이 뛸 때마다 성의 높이를 높게, 낮게 등으로 조절하여 유아들이 서로 다른 길이의 블록이나 리본을 선택할 수 있도록 한다. 8. 게임이 끝난 후 성의 높이를 어떻게 알 수 있었는지, 성의 높이에 따라 어떤 블록이나 리본을 선택하게 되었는지에 대해 이야기한다.
연관활동	블록으로 성 만들기 – 쌓기 영역에서 블록을 이용하여 성을 만들어 본다. 성의 높이와 깊이, 폭을 조절하여 만들도록 한다.

활동명	내 방을 소개해요
활동목표	내 방의 모습을 친구에게 설명할 수 있다. 내 방의 이미지를 단어로 말할 수 있다.
내용요소	공간관계를 이야기하고 이야기를 듣고 표현하기
활동자료	내 방의 모습을 찍은 사진, 방 이름을 지어 줄 이름카드, 매직
활동방법	1. 내 방 사진을 가져와서 소개한다. 2. 소개할 때는 물건들의 위치가 어디에 있는지 이야기한다(침대 옆에 피아노가 있고 피아노 오른쪽에 책상이 있어). 3. 유아들이 설명하기 쉽도록 교사가 먼저 설명의 예를 들려준다. "선생님 방이야. 문을 열면 앞에 커튼이 보이고, 오른쪽으로는 책상이 놓여 있어." 4. 방의 모습을 자세히 설명하여 듣는 유아들이 방의 모습을 상상할 수 있도록 한다. 5. 유아들이 소개한 후 방에서 놀았던 경험이 들어간 이름, 장난감이나 분위기 등을 알 수 있는 것으로 방 이름을 정해 본다. 6. 유아들이 가장 잘 어울린다고 생각하는 이름으로 적어 준다. 7. 유아들이 소개한 방의 모양을 쌓기 영역에서 직접 만들어 본다.
연관활동	나의 가장 가까운 가족은? – 가족 그림을 붙이고 나와 가장 가깝다고 생각하는 순서대로 빵끈, 모루, 실 빨대 등을 이용하여 거리를 표시하고 이유를 말한다.

활동명	나의 몸 어디일까?
활동목표	신체 각 부위의 위치를 말하고 움직임에 관해 이야기한다. 신체 부위 중 가까운 곳과 먼 곳, 닿을 수 있는 곳과 닿을 수 없는 곳을 알아본다.
내용요소	참조물의 성격에 따른 위, 아래, 앞, 뒤, 방향을 이해하고 표현하기 형태와 형태의 변형에 대한 공간적 심상 형성하기
활동자료	몸 전체의 모습이 그려진 활동지, 연필
활동방법	1. 우리 몸의 부분이 변화되는 것에 대해 이야기할 것임을 알린다. 2. '만약 ――라면?'에 맞추어 유아들이 알고 있는 신체 부위에 대한 역할을 다시 생각해 볼 수 있도록 한다(만약 눈이 머리 뒤에 달렸다면? 만약 눈이 머리에 달려 있는데 앞으로 가세요라고 하면 어디로 가야 할까? 눈이 무릎에 달렸다면 어떤 일이 생길까 등). 3. 우리의 신체 부분 중에서 가장 가까운 곳과 가장 먼 곳은 어디인지 이야기해 본다. 4. 신체 부분끼리 만날 수 있는 곳과 만날 수 없는 곳을 표시해 본다. 유아들이 실제로 움직여 본 후 표시하도록 한다. 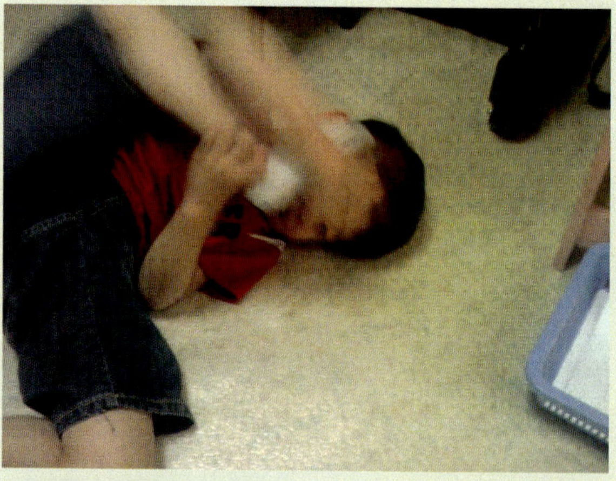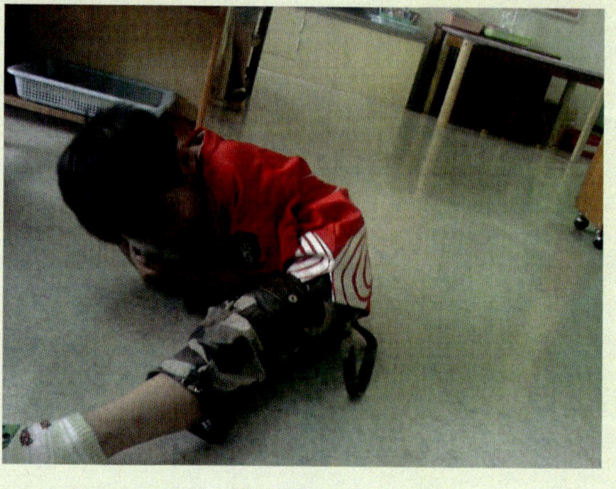
연관활동	자화상 그리기 - 거울을 보고 자화상을 그린 후 이름을 붙여 본다. 그리고 있는 곳이 왼쪽인지, 오른쪽 눈인지, 위인지, 아래인지 이야기한다.

활동명	대화할 때의 거리는?
활동목표	물리적인 거리가 달라짐에 따라 목소리의 크기가 달라지는 점을 느껴 본다. 다른 사람과 대화할 때의 적정한 거리와 목소리의 크기를 알아보고 적당한 거리를 찾아본다.
내용요소	공간 표상 형식의 사회적 의미 이해하기 물리적 공간의 의미를 알고 적절한 행동하기
활동자료	세잔 '카드놀이 하는 사람', 드가 '발레 하는 사람', 녹음기, 의자
활동방법	1. 그림카드를 보며 그림에 있는 사람들은 어떤 이야기를 하고 있는지, 어느 정도의 목소리 크기로 이야기하는 것이 좋은지 이야기한다. 2. '적당한 목소리의 크기'는 어느 정도를 이야기하는 것인지 토론한다. 3. 의자를 가져와 거리를 달리하며 거리에 따라 어느 정도의 목소리가 적당한지 알아본다. 4. 소리가 어디까지 들리는지 알아보기 위해 목소리를 녹음한다. 5. 평상시의 목소리의 톤으로 녹음을 하고 유아들은 목소리를 들을 수 있다고 생각하는 자리로 옮겨 본다. 6. 둘 사이의 대화, 여러 사람과의 이야기와 같이 상황에 따라 목소리를 조절하는 것에 대해 이야기를 나눈다.
연관활동	실전화기 만들기 – 실전화기를 만들어 실의 길이와 두 사람이 떨어진 거리를 관찰하며 목소리의 크기를 조절해 본다.

활동명	우리 집을 색으로 표현한다면?
활동목표	집의 이미지를 말로 표현한다. 집의 이미지에 맞는 소재를 선택하여 집을 표현한다.
내용요소	공간을 구성하는 다양한 상징, 기호 이해하기 공간관계와 느낌을 언어, 그림, 지도, 블록 등 다양한 매체와 형식으로 표현하기
활동자료	동화 '낮잠 자는 집', 그림 보는 유아 Ⅱ : 집, 그림종이, 색상지, 포장지, 은박지, 풀
활동방법	1. 동화를 보여 주며 어떤 집의 모습일지 예상한다. 2. 동화를 들은 후 집의 이미지에 관해 이야기한다. 3. 집의 이미지를 느끼게 하는 여러 형태와 색감으로 된 자료를 살펴본다. 4. 우리가 살고 있는 집의 이미지를 떠올린다. 5. 준비한 자료를 보며 집의 이미지와 어울리는 자료를 선택하여 꾸민다(은박지로 표현한 집은 어떤 느낌의 집일까? 노란색으로 칠한 집은 어떤 느낌일까 등). 6. 유아들이 꾸민 집의 이야기를 듣는다.  
연관활동	설계도 그리고 집 만들기 – 내가 살고 싶은 집의 설계도를 그린 후 우드락, 빨대, 백업, 상자 등을 이용해 집을 만든다.

활동명	좁아진다, 좁아져
활동목표	공간의 크기의 변화에 따라 몸의 움직임과 크기를 예상한다. 친구와 협동하여 문제를 해결한다.
내용요소	공간관계에 대한 시각적 상 형성하기 물리적 공간의 의미를 알고 적절하게 행동하기
활동자료	색 테이프, 징, 신문지
활동방법	1. 색 테이프를 이용해 소그룹으로 나뉜 유아들이 있을 곳을 표시한다. 2. 각 그룹마다 신문지 2장을 나누어 준다. 3. 신문지의 크기를 살핀다. 4. 신문지 위에 몇 명이 올라갈 수 있을지 생각해 본다. 5. 유아들이 신문지 위에 올라가는 게임을 한다. 6. 한 번 성공할 때마다 신문지를 반으로 접는다. 7. 신문지가 좁아질 때마다 유아들이 어떤 방법으로 신문지 위에 올라설 수 있을지 생각해 보도록 한다. 미리 몸의 움직임을 예상해 보도록 한다. 8. 종이 위에 올라선 모양과 친구와의 접촉이 가까워짐에 따라 느낌은 어떤지에 관해 이야기한다. 9. 어떤 팀이 가장 효과적으로 신문지에 올라섰는지 평가한다.
연관활동	동화 – '터널' 읽고 오빠와 친해지게 된 계기에 관해 이야기한다.

활동명	우리 동네 꾸미고 이름 짓기
활동목표	동네의 전체적인 모습을 구상하여 건물을 배치할 곳을 정한다. 공간관계에 적절한 크기의 모형을 제작한다.
내용요소	참조물에 따른 위, 아래, 앞, 뒤 등 방향을 이해하고 표현하기 공간관계를 나와 다른 사람의 관점에서 바라보기
활동자료	상자 혹은 우드락으로 만든 집, 도로 표시판, 신호등, 자동차, 나무, 우드락 밑판, 본드
활동방법	1. 우리 동네의 모습을 견학한 후 동네 모습을 어떻게 꾸밀 것인지 의논한다. 2. 건물과 도로의 위치를 정한 후 유아들이 각자 만든 집과 자동차, 건물, 나무 등을 배치한다. 3. 신호등의 위치를 어디에서 보는 곳을 기준으로 할지 정한다. 4. 동네의 크기와 도로의 크기를 조절하여 자동차, 집의 크기를 결정하도록 한다. 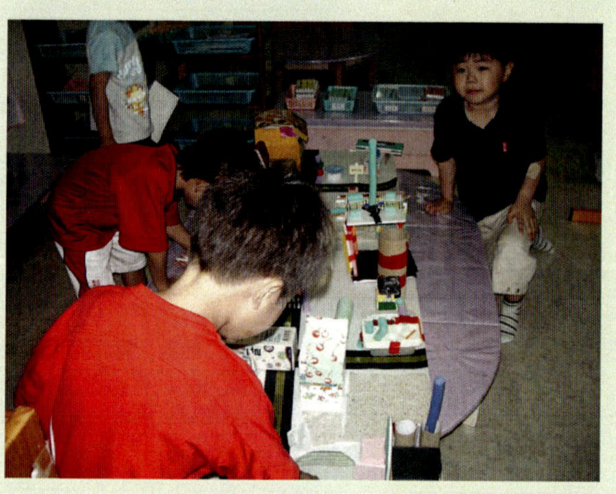
연관활동	동화 – '다 같이 돌자 동네 한 바퀴', '우리 동네' 언어영역에서 읽는다. 동네의 모습에 대해 이야기한다.

활동명	어떤 방법으로 넣을까요?
활동목표	정해진 용기에 여러 모양의 과자를 많이 담으려면 어떤 형태로 넣을지 친구와 상의한다. 과자의 여러 형태와 용기의 크기에 대한 공간 관계를 추론하여 문제를 해결한다.
내용요소	형태와 형태의 변형에 대한 공간적 심상 형성하기 공간 관계를 이야기하고 이야기를 듣고 표현하기
활동자료	과자 담을 통, 여러 가지 모양의 과자(길이가 긴 것, 고깔의 형태, 원, 시리얼, 크고 둥근 것, 세모 모양이나 크래커류 등), 쟁반
활동방법	1. 과자의 여러 가지 모양을 살펴본다. 2. 정해진 용기에 어떤 방법으로 담으면 과자를 많이 담을 수 있을지 생각해 본다(쟁반에 있는 과자를 모두 담으려면 어떤 모양의 과자를 먼저 담아야 할까? 많이 들어가도록 하려면 과자가 어떻게 놓이는 것이 좋을까?). 3. 유아들이 과자를 많이 담을 수 있는 다양한 전략을 개발하도록 한다. 4. 각 팀별로 과자 통에 담긴 과자의 모습을 비교해 본다. 5. 어떤 방법이 좁은 공간에 많은 양을 담을 수 있는 방법인지 토론한다. 
연관활동	연상사물 말하기 – 도형, 그림의 일부분만 보여 주고 나서 어떤 모습이 상상되는지 말한다.

활동명	블록이 몇 개나 숨어 있을까?
활동목표	그림자를 통해 블록의 수를 상상해 본다.
내용요소	공간관계 예측하고 추론하기. 형태와 형태의 변형에 대한 공간적 심상 형성하기.
활동자료	OHP, 1인치 블록, 위아래가 원형이가 사각형모양의 통
활동방법	1. OHP 위에 1인치 블록을 놓고 어떤 모양으로 비춰지는지 살펴본다. 2. 블록의 수를 늘려서 어떤 모양이 되는지 살핀다. 3. 원통이나 사각통으로 가린 후 블록을 올려놓는다. 유아들이 블록이 몇 개 놓였는지 알지 못하도록 한다. 4. 스크린에 비친 그림자의 모양을 보고 블록이 몇 개 놓여 있는지 맞춰 본다. 5. 유아들이 추측한 개수가 무엇 때문인지 이야기한다. 6. 통을 열어 유아들이 말한 내용과 같은지 살펴본다.
연관활동	땅따먹기 – 종이 위에 점을 찍어 놓는다. 가위바위보를 하여 이긴 사람이 두 점을 이어 선을 긋는다. 삼각형이 완성되면 그 땅은 자신의 것이 된다. 삼각형을 많이 만들기 위해서는 어떤 선을 그어야 하는지 이야기한다.

활동명	집 만들기
활동목표	2차원의 그림 표현과 3차원의 구조물 간의 공간적 변화 관계를 상상하고 표상해 본다.
내용요소	공간관계에 대한 이해와 느낌을 언어, 그림, 지도, 블록 등 다양한 매체와 형식으로 표현하기
활동자료	자석블록, 그림종이, 연필
활동방법	1. 자석블록을 보고 어떤 모양을 만들어 본 적이 있는지 이야기한다. 2. 자신이 만들고 싶은 집 모양을 그림으로 먼저 그린 후 블록으로 만들어 본다. 3. 자신이 그린 그림과 같은 부분과 다른 부분을 찾아본다. 블록으로 표현이 되지 않는 부분은 어디인지 이야기한다. 4. 입체물을 만들 때의 어려운 점은 무엇인지 이야기한다.
연관활동	쌍둥이 블록 쌓기 – 다른 유아가 만든 입체모양을 앞에서만 보고 그대로 따라서 만들어 본다. 앞 모습만 보고 전체적인 모습을 어떻게 알 수 있었는지 이야기한다.

활동명	쇼핑몰 견학하기
활동목표	쇼핑몰 안내도를 보고 해석하여 길을 찾을 수 있다. 쇼핑몰 전체의 형태와 각 코너의 위치에 대한 상을 형성할 수 있다.
내용요소	참조물에 따른 위, 아래, 앞, 뒤 등 방향을 이해하고 표현하기 물리적 공간의 의미를 알고 적절하게 행동하기 공간을 구성하는 다양한 상징, 기호 이해하기
활동자료	카메라, 비디오카메라, 쇼핑목록, 시장바구니
활동방법	1. 각 팀이 만들어 먹을 간식을 정한다. 2. 시장을 볼 품목을 정한다. 3. 쇼핑몰의 안내도를 보며 자신이 필요한 물건은 어디에서 구입할 수 있는지 살펴본다. 4. 물건을 구입한 후 자신들이 지나온 경로를 확인한다. 
연관활동	쇼핑몰 모습 그리기 - 견학을 다녀온 후 쇼핑몰의 모습을 그림으로 그린다.

활동명	교실을 바꿔요
활동목표	교실을 유아들이 바꾸어 구성함으로써 공간의 변화를 느껴 본다.
내용요소	방향에 따른 대상과 물체의 모양과 움직임 이해하기
활동자료	견학지 사진, 화이트보드, 보드마커
활동방법	1. 유아들이 놀이할 마트, 시장놀이의 형태로 교실을 바꿀 계획을 세운다. 2. 유아들이 구성하고 싶은 공간을 그림으로 그린다. 3. 공간을 재배치한 대로 교실의 교구장과 책상, 의자, 카펫 등을 움직인다. 4. 유아들이 공간을 구성하며 불편한 점, 편리한 점, 가구의 배치에 따라 동선의 방향에 대해 이야기한다. 5. 공간을 재배치한 느낌에 대해 이야기한다. 
연관활동	장소에 어울리는 상징물 만들기 - 바뀐 유치원 교실에 어울리는 상징, 기호, 안내문 등을 만들어서 붙인다.

활동명	보도블록을 만들어요
활동목표	보도블록 디자인을 살펴보며 형태의 특성을 파악하고 형태의 변형에 대한 공간적 심상을 형성할 수 있다.
내용요소	참조물에 따른 위, 아래, 앞, 뒤 등 방향을 이해하고 표현하기 물리적 공간의 의미를 알고 적절하게 행동하기
활동자료	보도블록 디자인 그림이나 패턴블록 그림디자인, 색상지 오린 카드, 밑판용 마닐라지
활동방법	1. 여러 가지 형태의 보도블록 디자인이나 패턴블록의 디자인을 보면서 모양과 규칙성에 대해 이야기를 나눈다. 2. 모양을 바꾸어 놓으면 어떤 모습이 될지, 색을 바꾸면 어떻게 될지를 예상해 보도록 한다. 3. 미리 만들어진 패턴의 형태대로 순서를 지키며 모양을 만들어 본다. 4. 모양과 위치를 변화시키며 다양한 형태의 패턴 형태를 구상해 본다. 5. 보도블록을 완성한 후 교실 바닥이나 벽면의 장식으로 이용해 본다. 6. 보독블록으로 이용할 때 어떤 느낌이 드는지, 어떻게 걸어가는 것이 좋은지에 대해 이야기한다.  
연관활동	도미노놀이 – 도미노를 놓을 형태를 그린 후 도미노의 방향과 간격을 고려하여 놓는다.

활동명	이야기를 들으며 놀이터 모습 그리기
활동목표	공간관계에 대한 설명을 들으며 그림으로 표상하는 경험을 갖는다. 다른 유아와 그림을 비교해 보며 그림의 다른 부분을 비교해 보고 이유를 말한다.
내용요소	공간관계를 이야기하고 이야기를 듣고 표현하기 공간관계에 대한 이해와 느낌을 언어, 그림, 지도, 블록 등 다양한 매체와 형식으로 표현하기
활동자료	우리들의 새로운 놀이터 동화책, 그림 자료

활동방법	1. 놀이터에 놀러 간 유아들의 이야기를 들려준다.
	  "친구들이 새로운 놀이터로 놀러 갔어. 그런데 어떤 놀이기구들이 있는지 잘 모르겠데. 그래서 이 친구들이 놀이터의 모습을 그림으로 그리려고 해. 선생님이 놀이터에 어떤 장난감들이 있는지 이야기해 줄 테니까 너희들이 이야기를 잘 들으면서 놀이터를 한 번 그려 볼래?"
	2. 놀이터의 여러 가지 기구의 위치를 불러 준다.
	  "먼저 가운데에는 시소가 있어. 두 개가 같이 있네. 그 시소 오른쪽으로 그네가 있어. …… 중략"
	3. 그림을 그린 후 유아들끼리 그림을 서로 비교해 보도록 한다.
	4. 그림의 위치가 같은 부분과 서로 다른 부분을 찾아본다.

연관활동	내가 가장 편안한 곳은? – 유치원의 여러 장소 중에서 내가 가장 편안하다고 생각하는 곳을 찾아보고 그 이유를 말해 본다.

활동명	동네 돌아보기
활동목표	유아 주변의 환경을 돌아보며 동네의 모습에 관심을 갖는다. 주변의 각 기관들이 위치한 곳에 대해 이야기한다.
내용요소	위, 아래 앞, 뒤, 옆, 꼭대기, 밑, 오른쪽, 왼쪽 방향을 가리키는 어휘 이해하기 공간관계를 나와 다른 사람의 관점에서 바라보기 공간을 구성하는 다양한 상징, 기호 이해하기 공간 표상형식의 사회적 의미 이해하기
활동자료	비디오카메라, 사진기
활동방법	1. 유아들과 함께 유치원을 중심으로 하여 어떤 방향으로 돌아볼 것인지 정한다. 2. 유치원과 가장 가까운 건물은 무엇인지, 길 건너편에서 본 유치원의 건물은 어떤 모습인지, 여러 표지판들과 의미에 관해 이야기한다. 3. 각 건물이나 기관들과의 공간적인 관계를 짚어 줌으로써 유아들이 전체적인 공간에 대해 생각해 보도록 한다. 4. 각 슈퍼, 철물점, 정비소 등이 하는 일에 대해 이야기하고 이곳이 얼마나 오래되었는지, 이곳을 어떻게 이용하고 있는지에 대해서도 이야기한다. 4. 원으로 돌아와 유아들이 본 각 기관들의 위치와 크기 등을 고려하여 그림으로 그려 지도에 붙여 본다. 
연관활동	동네 지도에 건물 배치하기 - 견학을 다녀온 후 동네 지도 위에 유아들이 보았던 건물들의 위치를 표시해 봄으로써 지도를 완성한다.

활동명	끊어지지 않는 길
활동목표	여러 갈래로 그려진 길의 형태를 살피면서 도로망을 만들어 보는 경험을 한다. 다른 팀이 만든 길의 특징에 대해 이야기한다. 길을 따라 움직여 보는 경험을 하며 어떤 길이 더 긴 길인지 토의한다.
내용요소	형태와 형태의 변형에 대한 공간적 심상 형성하기 공간관계 예측하고 추론하기
활동자료	여러 갈래의 길이 그려진 퍼즐 조각 100장
활동방법	1. 퍼즐의 모양을 탐색한다. 2. 퍼즐의 길을 끊어지지 않게 잇는 방법에 대해 이야기한다. 3. 팀 50장의 퍼즐을 나누어 갖는다. 4. 일정한 시간을 정한 후 퍼즐을 잇는 게임을 한다. 5. 두 팀 중 가장 긴 길을 이은 팀을 알아본다(순환도로를 만드는 경우도 생각해 본다.).  
연관활동	블록으로 패턴 만들기 – 칼라 블록을 이용하여 패턴을 만든다. 패턴이 더 이어지기 위해 각 색깔의 블록 위치를 찾아 놓는다.

활동명	동물들의 집은 어디일까?
활동목표	동물들이 살고 있는 집에 대한 공간적 상을 형성한 후 그림으로 옮겨 본다. 미로가 될 수 있도록 장애물을 그려 목적지까지 도착하는 하나의 길을 완성해 보는 경험을 한다.
내용요소	공간을 구성하는 다양한 상징, 기호, 이해하기 공간관계에 대한 이해와 느낌을 언어, 그림, 지도, 블록 등 다양한 매체와 형식으로 표현하기
활동자료	동물그림 카드 10장(돼지, 소, 말, 고양이, 양 등), 도화지, 풀, 연필, 화이트보드, 보드마커
활동방법	1. 미로에 대한 경험을 이야기한다. 2. 미로를 만들어 본 적이 있는지 이야기한다. 3. 미로를 그리는 방법에 대해 알아본다. 4. 유아들이 제안하는 방법으로 화이트보드에 미로를 그려 본다. 5. 유아들의 방법 중 수정할 사안은 없는지 알아본다. 6. 동물그림 카드를 각자 가지고 미로를 만들어 본다. 7. 미로를 완성한 후 친구와 바꾸어 미로를 찾아가 본다.
연관활동	고누놀이 - 두 명이 각자 3개의 말을 가지고 있으면서 한 번에 한 칸씩만 움직여서 상대 유아의 집에 본인의 말 3개를 모두 도착시킨다. 상대의 말과 자신의 말의 움직임을 고려하여 이동하도록 한다.

활동명	함께 사는 아파트
활동목표	좌표를 이용해 위치를 찾아보는 경험을 한다. 좌표상에서 위, 아래, 옆 등의 방향과 관련한 어휘를 익힌다. 주소의 층과 호가 각각 세로와 가로를 의미한다는 것을 안다. 각 유아의 집에 관한 공간적 관계를 추론해 보는 경험을 한다.
내용요소	참조물에 따른 위, 아래, 앞, 뒤 등 방향을 이해하고 표현하기 공간관계를 나와 다른 사람의 관점에서 바라보기 공간관계에 관한 시각적 상 형성하기 공간 표상 형식의 사회적 의미 이해하기
활동자료	유아들의 집 주소, 아파트 모양의 그림, 펜
활동방법	1. 반 전체 유아들의 주소를 살핀다. 반 전체 유아들의 층과 호수가 들어갈 만큼의 칸을 나누어 아파트 모양을 그린다. 주택인 경우 층과 호수를 선택하도록 한다. 2. 가상의 층과 호수를 부르고 아파트에 표시해 본다. 3. 반 아이들의 주소에 따라 자신이 살고 있는 곳에 이름을 적는다. 4. 한 친구의 집을 기준으로 다른 친구의 집 찾기를 해 본다. "13층 12호에 사는 친구는 누구일까? 그 친구의 집에서 왼쪽으로 3칸 위로 4층을 더 올라가면 누가 살고 있을까?" 5. 기준에 따라 달라지는 방향을 알도록 여러 가지 방법으로 놀이한다.
연관활동	친구 집 찾기 – 함께 사는 아파트로 만든 좌표를 읽을 가로, 세로를 표시하는 숫자카드를 만든다. 유아들은 숫자카드를 뽑아 그곳에 살고 있는 유아의 이름을 맞추는 게임을 한다.

활동명	칠교놀이
활동목표	형태에 관심을 갖고 형태의 변형에 대한 심상을 형성한다. 도형을 이용하여 다양한 모양을 만드는 경험을 한다.
내용요소	형태와 형태의 변형에 대한 공간적 심상 형성하기 공간 관계를 이야기하고 이야기를 듣고 표현하기
활동자료	칠교놀이의 단계별 모양이 복사된 OHP 필름(사람, 산, 세모, 고양이 등), 칠교판
활동방법	1. OHP에 칠교놀이를 단계별로 그린다. 2. 각각의 팀당 칠교놀이 모양을 나누어 갖는다. 3. 교사가 OHP로 보여 주는 모양을 친구들과 협력하여 맞춘다. 4. 유아들이 조각의 위치와 변형에 관해 공간적 상을 형성할 수 있도록 한다. 5. 각 팀이 어떤 방법으로 모양을 빨리 맞추었는지 서로 공유한다(사전에 색종이를 이용해 칠교놀이를 해 보거나 팀별 활동이 끝난 후 사후 활동으로 여러 가지 모양을 만들어 보도록 한다.). 
연관활동	여러 가지 무늬 대칭으로 그리기 – 반쪽만 그려진 그림을 보고 전체의 모습을 상상해 본다. 거울을 이용하여 전체의 그림이 자신이 상상한 것과 같은지 비교한 후 전체의 그림을 그려 본다.

활동명	어디를 찍은 모습일까?
활동목표	사진에 나타난 건물과 지표물을 비교해 본다. 사진을 찍은 위치와 방향을 찾을 수 있다.
내용요소	공간관계를 나와 다른 사람의 관점에서 바라보기 공간관계 예측하고 추론하기
활동자료	각도와 거리를 달리하여 찍은 기관 모습의 사진 7장, 사진기
활동방법	1. 기관 모습을 찍은 사진을 보여 준다. 2. 어디의 모습인지 이야기한다. 3. 어떤 방향에서 찍었는지 알아본다. 4. 실제 장소를 찾아본다. 왜 그곳에서 찍은 사진이라고 생각했는지 이유를 말해 본다. 5. 유아들이 찾은 장소에서 사진을 찍어 원래의 사진과 비교해 본다.
연관활동	건물퍼즐 맞추기 - 3차원의 입체로 만들어진 건축물의 모습을 상상하며 퍼즐을 만들어 본다.

활동명	우리 원의 모습 그리기
활동목표	기관의 모습을 자세히 살펴 건물, 놀이터, 나무 등의 위치를 알아본다. 관찰한 내용을 그림으로 표현해 본다.
내용요소	공간에 대한 이해와 느낌을 언어, 그림, 지도, 블록 등 다양한 매체와 형식으로 표현하기
활동자료	그림종이, 연필, 지우개, 돗자리
활동방법	1. 건물이 모두 보이는 곳에 자리를 정한다. 돗자리를 깔고 앉아서 전체적인 모습을 관찰한다. 2. 건물, 놀이터, 나무 등이 어디에 있는지 이야기한다. 3. 관찰한 모습을 그림으로 그린다. 4. 공간적인 배치를 잘할 수 있도록 이야기한다. "가장 앞쪽에는 무엇을 그려야 할까? 미끄럼틀의 왼쪽에는 무엇이 있니? 가장 크게 그려야 할 것은 무엇일까?" 5. 친구들의 그림과 비교해 본다. 6. 완성된 그림은 보물찾기 활동에서 보물지도로 활용한다.
연관활동	보물 만들기 – 보물찾기 활동을 할 때 유아들이 찾을 보물을 만든다. 작은 상자에 유아들이 보물이라고 생각하는 스티커, 편지, 색종이 접기 한 것 등을 만들어 담는다.

활동명	바깥 놀이터의 수수께끼는?
활동목표	방향을 나타내는 지시어를 듣고 이해한다. 방향을 찾아가며 숨겨진 물건을 찾는 경험을 한다.
내용요소	참조물에 따른 위, 아래, 앞, 뒤 등 방향을 이해하고 표현하기
활동자료	수수께끼가 적힌 활동지, 연필
활동방법	1. 바깥놀이에 있는 소나무, 미끄럼틀, 그네 등 특정 사물의 위치를 나타내는 수수께끼를 종이에 적는다. 2. 수수께끼의 내용을 소개한다. 〈예: 신발을 신고 장미 넝쿨 끝에서 오른쪽으로 도세요. 앞으로 계속 걸어가서 첫 번째 만나는 나무는 무슨 나무일까요?/주차장까지 걸어가세요. 왼쪽으로 다섯 걸음을 걸어가세요. 그 자리에서 왼쪽에 두 번째 있는 장난감은 무엇일까요?〉 3. 수수께끼 중 방향을 나타내는 말은 움직임을 통해 확인한다. "오른쪽으로 돌아서 걸어가세요."라는 말은 어떻게 움직이는 것일까? 4. 수수께끼를 뽑아서 수수께끼의 정답을 찾아 움직여 본다. 5. 유아들이 찾은 정답이 무엇인지 모여서 확인해 본다.
연관활동	모형 보고 지도 그리기 – 동네 모형을 보고 하늘에서 바라본 모습을 그림으로 그려 본다. 다른 유아들과 그림을 비교해 본다.

활동명	친구에 대해 알아봐요
활동목표	가깝고 먼 거리에 따라 친구의 모습이 어떻게 달라지는지 이야기한다. 발견한 친구의 특징을 이야기한다. 친구와 사이좋게 지낼 수 있는 방법에 대해 이야기한다.
내용요소	공간관계 예측하고 추론하기
활동자료	멀리 있는 친구의 모습을 찍은 사진
활동방법	1. 멀리 있던 친구, 아빠, 엄마의 모습을 발견한 적이 있는지 이야기한다. 2. 멀리 있음에도 내가 아는 사람이라는 것을 어떻게 알 수 있었는지 알아본다. 3. 어느 정도 가까이 왔을 때 그 사실을 확인할 수 있었는지 이야기한다. 4. 교실에서 가장 먼 곳에서부터 가까이 올 때까지 친구의 모습이 어떻게 보이는지 관찰하고 이야기한다. 5. 거리가 가까워짐에 따라 머리카락, 얼굴표정, 눈동자의 모습 등을 살펴본다. 6. 신체적 접촉이 가능한 만큼 다가왔을 때 만져서 알 수 있는 내용, 친구를 안아 보았을 때의 느낌에 대해 이야기한다. 7. 멀리 있을 때와 가까이 왔을 때의 느낌을 비교해 본다. 
연관활동	블록 그림자 길게 만들기 – 손전등을 비춰서 블록의 그림자를 가장 길게 만들 수 있는 방법을 이야기한다. 손전등의 방향과 각도에 대해 알아본다.

활동명	보물찾기
활동목표	그림에 표시된 기호와 상징물을 보고 이해할 수 있다. 지도를 보고 실제 장소를 찾아 친구들이 숨긴 보물을 찾는 경험을 한다.
내용요소	공간 관계를 나와 다른 사람의 관점에서 바라보기 공간 표상 형식의 사회적 의미 이해하기
활동자료	보물지도, 보물 상자, 자, 리본, 삽 등
활동방법	1. 유아들이 그린 기관의 전경 그림을 친구들과 함께 살펴본다. 2. 각자 잘 그린 부분을 모아 하나의 그림을 완성한다. 3. 각 팀별로 보물을 숨길 장소를 정한다. 4. 보물을 숨길 장소의 위치를 지도에 정확하게 표시한다(발걸음으로 50번, 00번째 나무 아래 등). 5. 보물 찾을 상대 팀을 정하고 보물지도를 교환한다. 6. 상대 팀의 보물을 찾는다. 7. 지도에 표시한 위치가 맞았는지, 표시방법은 괜찮았는지에 대해 평가한다.
연관활동	무엇이 달라졌을까? – 여러 가지 동물들의 그림을 준비한다. 각 그림은 동물들의 표정 중 일부분이 달라져 있다. 두 개의 그림을 순간적으로 차례로 보여 주고 두 그림이 어떻게 달라졌는지 이야기한다.

활동명	비행기를 날려요
활동목표	종이접기의 순서도를 이해하며 종이비행기를 접을 수 있다. 종이비행기를 날려 보는 경험을 한다. 종이비행기가 날아간 거리를 재어 보는 경험을 한다.
내용요소	위, 아래, 앞, 뒤, 옆, 꼭대기, 밑, 오른쪽, 왼쪽 등 방향을 가리키는 어휘 이해하기 공간관계 예측하고 추론하기
활동자료	비행기 접을 종이, 비행기 접는 순서도
활동방법	1. 종이비행기를 접는 순서를 살핀다. 2. 유아들과 종이비행기를 접는다. 3. 종이비행기를 날려 보며 비행기가 날아갈 방향을 예상해 본다. 4. 종이비행기를 멀리 날릴 수 있는 곳에서 날리기, 직선으로 날리기 등 여러 가지 방법에 관해 이야기한다. 5. 종이비행기가 날아간 거리를 잴 수 있는 방법에 대해 이야기한다.
연관활동	높이 더 높이 - 동화 '높이 더 높이'의 그림만 복사하여 그림종이에 붙이고 그림 내용에 맞는 다른 동화를 지어 본다.

활동명	어떤 공을 맞힐까?
활동목표	진자의 움직임을 관찰한다. 진자를 놓는 위치에 따라 진자가 도착할 곳을 예상해 본다. 진자의 길이와 움직임의 방향을 예측하여 목표물을 맞혀 본다.
내용요소	방향에 따른 대상과 물체의 모양과 움직임 이해하기 공간관계 예측하고 추론하기
활동자료	진자, 벽면에 붙일 축구공이나 그림, 혹은 인형
활동방법	1. 작은 방 하나에 진자를 매달아 놓고 진자의 움직임을 관찰한다. 2. 진자를 놓는 위치를 달리한다. 3. 진자의 길이를 달리하여 놓아 본다. 4. 벽면에 축구공을 붙인다(혹은 인형을 바닥에 놓아둔다.). 5. 진자를 어느 곳에서 놓으면 축구공이 맞을지 예측해 본다. 6. 진자의 높이와 방향을 조절하며 공을 맞혀 본다. 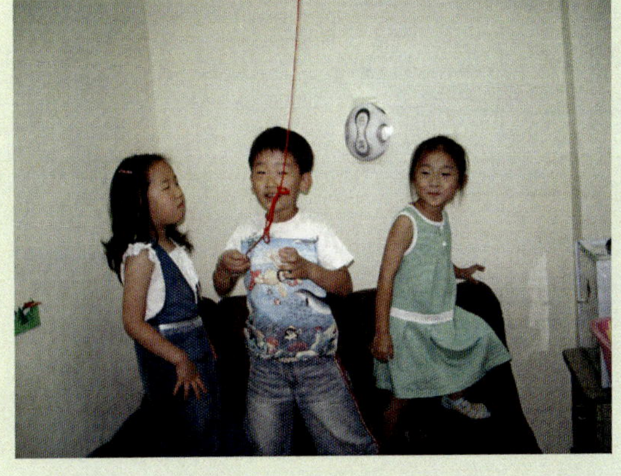
연관활동	어느 방향으로 공을 찰까? – 공과 골대를 준비한다. 골대 앞에 여러 개의 장애물을 놓아둔다. 어느 방향으로 차야 공이 들어갈지 예상하고 공을 차 본다. 장애물을 하나도 건드리지 않고 공이 들어가도록 한다.

활동명	같은 그림, 다른 곳은 어디일까?
활동목표	이야기를 들으며 사물들의 위치를 배열할 수 있다. 유사한 특징을 지닌 그림들의 차이를 변별할 수 있다.
내용요소	공간관계를 이야기하고 이야기를 듣고 표현하기 공간관계에 대한 이해와 느낌을 언어, 그림, 지도, 블록 등 다양한 매체와 형식으로 표현하기
활동자료	나무, 집, 토끼, 사람, 자동차 등의 구성요소는 같지만 배치를 다르게 한 그림 4장, 개인용 화이트보드, 보드마커
활동방법	1. 같은 내용이지만 그림배치가 달리 되어 있는 그림 4장을 준비한다. 2. 한 유아가 4장의 그림 중 1장을 골라 나무, 집, 토끼 등이 어디에 있는지 설명한다. 3. 이야기를 들으며 다른 유아가 이야기 내용에 맞추어 화이트보드에 그림을 그린다. 4. 이야기가 모두 끝나면 그림을 그린 유아는 4장의 그림 중 어느 그림에 대한 설명을 들은 것인지 찾아본다. 5. 설명한 그림과 그림을 그린 것과의 같은 점, 다른 점을 비교해 본다.
연관활동	왼쪽 오른쪽 같은 그림 그리기 – 한쪽만 그려진 그림을 보고 같은 형태로 그림을 그린다.

활동명	풍경화 감상하기
활동목표	여러 가지 풍경화를 보며 그 느낌에 대해 이야기한다. 각 풍경화의 서로 다른 공간적인 느낌에 대해 이야기한다.
내용요소	공간관계에 대한 이해와 느낌을 언어, 그림, 지도, 블록 등 다양한 매체와 형식으로 표현하기
활동자료	풍경화 그림 자료(호메바 – 미델하르네스의 길, 박병춘 – 가족, 정태수 – 고향, 김덕기 – 휴일의 정원 등 동서양의 풍경화)

활동방법

1. 그림을 보여 주며 무엇을 그린 것인지 알아본다.
2. 유아들이 공간적 특성과 심리적인 느낌에 대해 이야기하도록 한다. "이곳에 내가 가 있다면 어떤 느낌이 들까? 그림들 중에서 쉬고 싶은 곳이 있다면 어떤 곳일까? 왜 그런 느낌이 들었니? 친구들과 신나게 놀고 싶은 곳은 어디니?"
3. 공간적인 변화와 그 느낌을 예상해 보도록 한다. "그림에서 바꾸고 싶은 부분이 있다면 어디일까? 우리나라 그림에서 그림이 없는 부분은 어떤 느낌이 드니? 만약 나무를 더 크게 그린다면 어떤 느낌일까? 나무의 위치가 바뀐다면 어떤 느낌이 들까?"

연관활동

조각들이 하는 말은? – 마주 보고 있는 조각상 사진을 보며 친한 사이, 먼 사이를 찾아보고 그 이유를 말해 본다. 어떤 이야기를 하고 있을지 상상해 본다.

활동명	약도 보고 길 찾기
활동목표	약호화된 지도를 보고 목적지까지 경로를 이해한다. 출발지에서 목표지점까지의 최단 거리를 찾아본다.
내용요소	방향에 따른 대상과 물체의 모양과 움직임 이해하기 공간관계 예측하고 추론하기 공간 표상 형식의 사회적 의미 이해하기
활동자료	기관 혹은 쇼핑센터의 약도, 작은 사람인형, 혹은 화살표
활동방법	1. 유아들과 안내도를 보며 견학을 했던 경험에 대해 이야기한다. 2. 약도를 소개하고 약도에서 얻을 수 있는 정보를 알아본다. "무엇이 그려져 있니? 들어오는 입구는 어디일까? 나가는 곳은 어디니? 어떻게 그것을 알 수 있었니? 모든 들어오는 곳, 나가는 곳의 표시가 같니? 어떤 매장들이 있니? 가는 길은 어디일까? 어떻게 배치되어 있니?" 3. 한 지점을 선택한 후 목표지점까지 가는 방법에 관해 이야기한다. "이친구가 지금 여기서 있어. 과일을 사려고 해. 어떤 길로 가야 할까? 인형을 움직여 볼 수 있겠니?" 4. 유아들의 이야기에 따라 교사가 인형을 움직이거나 유아들이 직접 움직여 본다. 가장 짧은 길인지, 먼 길인지 확인한다. 5. 약도를 보고 두 지점을 짚은 후 갈 수 있는 방법에 관해 알아본다. 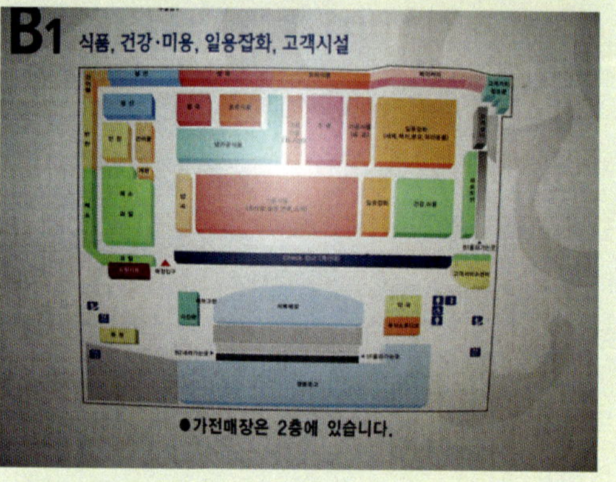
연관활동	지도에서 기호 찾기 – 지도에서 표시된 기호들을 찾아 무엇을 의미하는 것인지 이야기를 나누어 보고 기호와 그 의미를 찾아 적어 본다.

활동명	그림에서 형태 찾기
활동목표	형태를 이루는 부분에 대한 관찰력을 기른다. 형태의 일부분과 연관된 사물 상상하기를 통해 주변 사물에 대한 공간적 심상을 형성한다.
내용요소	형태와 형태의 변형에 대한 공간적 심상 형성하기 공간관계에 대한 이해와 느낌을 언어, 그림, 지도, 블록 등 다양한 매체와 형식으로 표현하기
활동자료	미술작품(미로 - 태양 속의 개, 마티스 - 왕의 슬픔, 레제 - 잠수부, 칸딘스키 - 콤퍼지션 등)
활동방법	1. 그림을 살펴보며 무엇을 그린 것인지 이야기한다. 2. 그림에서 원, 세모, 네모 등의 기본 도형을 찾아본다. 3. 그림의 방향을 바꾸어 가며 발견할 수 있는 것을 살펴본다. 4. 도형을 살펴보며 원래의 그림 중 무엇의 일부인지 이야기한다.
연관활동	모양으로 구성하기 - 원, 세모, 네모, 직선의 모양만을 이용하여 형태를 구성한다. 각 형태에 대한 이해와 각각의 형태를 조합한 후 만들어지는 모양에 대해 이야기한다.

활동명	몸의 높이를 달리해요
활동목표	공간의 크기와 높이, 거리에 따라 몸을 움직이는 경험을 한다. 크기, 높이, 거리에 따른 움직임을 예상해 본다.
내용요소	공간관계 예측하고 추론하기 방향에 따른 대상과 물체의 모양과 움직임 이해하기
활동자료	여러 가지 블록, 의자, 상자
활동방법	1. 블록의 간격을 달리하여(가깝고 멀리) 배치한다. 블록이 움직이지 않도록 바닥에 붙인다. 2. 의자에서는 빙글빙글 돌도록 한다. 3. 상자를 준비하여 유아들이 통과할 수 있도록 한다. 4. 각각의 장소에서 몸을 어떻게 움직일 것인지 이야기한다. 5. 출발 신호와 함께 유아들이 각 장소에서 몸의 움직임을 맞게 하고 가는지 확인하며 게임을 한다.
연관활동	림보게임 – 줄의 높낮이를 달리하여 유아들이 자신의 몸의 높이를 조절하여 통과하도록 한다. 먼저 자신의 키를 재어 본 후 림보의 높이와 비교한다. 얼마나 많이 줄여야 하는지 생각해 본 후 움직이도록 한다.

활동명	견학지 안내도 만들기
활동목표	견학장소의 위치를 지도에서 찾아보는 경험을 한다. 출발지에서 도착지까지 방향과 시간을 생각해 본다. 견학을 다녀온 곳에 대한 안내도를 그림으로 그려 본다.
내용요소	참조물에 따른 위, 아래, 앞, 뒤 등 방향을 이해하고 표현하기 공간관계 예측하고 추론하기 공간을 구성하는 다양한 상징, 기호 이해하기
활동자료	지도, 견학장소 팸플릿, 컴퓨터, 그림 종이
활동방법	1. 견학을 할 장소에 관해 안내도를 보거나 인터넷으로 연결해서 살펴본다. 2. 견학지의 위치를 지도를 펴서 기관에서 얼마나 걸릴지, 어느 곳에 있는지 살펴본다. 3. 견학지에 도착해서 안내도와 견학지 안내판이 같은지 서로 비교해 본다. 4. 견학을 마친 후 원으로 돌아와 견학장소에서 본 것을 그리기도 하고 견학장소까지의 시간, 가는 방법, 견학장소의 크기, 준비물, 주의사항과 같은 안내도 함께 적는다. 
연관활동	견학장소를 지도에 표시하기 - 한 학기 동안 다녀오는 견학장소를 지도에 표시하여 학기말에 가장 멀리 다녀온 곳은 어디인지, 가까운 견학지는 어디인지 살펴본다.

활동명	색종이 길게 오리기
활동목표	사각형의 색종이 모양을 보며 가장 길게 될 수 있는 방법을 생각해 본다. 자신이 생각한 방법으로 색종이를 오리고 자신의 예측과 맞았는지 알아본다.
내용요소	공간관계에 대한 시각적 상 형성하기 형태와 형태의 변형에 대한 공간적 심상 형성하기
활동자료	색종이, 가위
활동방법	1. 색종이를 살펴보며 모양에 대해 이야기한다. 2. 색종이 한 장으로 끊어지지 않고 가장 길게 오릴 수 있는 방법을 생각해 본다. 3. 유아들이 제안한 방법을 손으로 따라해 본다. 4. 색종이 한 장을 오리면 길이가 얼마나 될지 생각해 본다. 5. 자신이 생각한 방법으로 오려 본다. 자신이 예측한 방법과 비교해 본다. 6. 어떤 방법이 색종이의 길이를 가장 길게 했는지 토의해 본다. 7. 유아들이 자른 색종이를 한곳에 붙여 가며 유아들이 다른 방법을 고안해 볼 수 있도록 한다. 
연관활동	색종이 접어서 오리기 – 색종이를 2겹, 3겹으로 접는다. 모양을 색종이 위에 그린다. 이 모양을 오려 내면 어떤 모양이 될지, 색종이에는 어떤 모양이 남게 될지 예측한 후 모양을 오려 본다. 예측한 모양과 같은지 비교해 본다.

활동명	블록의 모양이 달라졌어요
활동목표	블록의 모양을 보고 각 블록의 위치를 기억할 수 있다. 시간이 지난 후 달라진 블록의 모양을 찾을 수 있다.
내용요소	형태와 형태의 변형에 대한 공간적 심상 형성하기 공간관계 예측하고 추론하기
활동자료	여러 가지 색깔이 있는 블록, 가리개
활동방법	1. 책상 위에 색이 있는 블록을 이용하여 모양을 만든다. 2. 만든 모양의 특징이나 색 블록의 위치를 잘 기억한다. 3. 가리개로 가린 뒤 몇 개의 블록의 위치를 바꾼다. 4. 가리개를 거둔 후 블록을 살펴본다. 5. 처음의 블록과 무엇이 달라졌는지 이야기한다. 6. 처음의 블록의 모양을 만들어 본다.
연관활동	쌍둥이 블록 만들기 - 친구가 블록으로 모양을 만들고 나면 다음 유아가 그 친구가 만든 모양과 같은 블록의 모양을 만들어 보도록 한다.

활동명	나와 가장 가까운 가족은?
활동목표	가족 간의 관계에 대해 생각해 본다. 가족 중 나와 가깝다고 느끼는 가족은 누구인지 이야기한다. 가깝다고 느끼게 된 계기, 이유에 대해 이야기한다. 가족 간의 심리적 거리를 시각적으로 표현해 본다.
내용요소	공간 표상 형식의 사회적 의미 알기 물리적 공간의 의미를 알고 적절한 행동하기
활동자료	가족 그림, 리본, 실, 줄, 도화지, 풀, 가위
활동방법	1. 나의 가족에 대해 소개한다. 2. 가족 중 나와 가장 가까운 사람은 누구인지 이야기한다. 3. 왜 엄마(혹은 아빠, 할아버지, 동생 등)와 가깝다고(혹은 멀다고) 느끼는지 이야기한다. 3. 엄마와 가깝다는 것을(멀다는 것을) 어떻게 알 수 있는지, 혹은 가까워서 어떻게 하고 있는지 이야기한다. 4. 가족 모두와 나와의 가깝고 먼 정도를 여러 가지 도구 실, 줄, 리본 등을 이용해서 표현해 보도록 한다. 5. 멀다고 느끼는 가족과 친해지기 위해서는 어떻게 하면 좋을지 이야기한다.
연관활동	가까운 사람은? – 잡지에서 여러 사람들이 다니는 모습을 오린다. 각 그림들 중에서 가장 가까운 사이는 누구인지, 먼 사이는 어떤 사람들인지 찾아본다. 왜 그렇게 생각했는지 이유도 함께 알아본다.

활동명	위치 보고 몸으로 표현하기
활동목표	여러 가지 사물의 특징을 살펴 이야기할 수 있다. 사물들의 위치를 몸으로 표현할 수 있다.
내용요소	위, 아래, 앞, 뒤, 옆, 꼭대기, 밑, 오른쪽, 왼쪽 등 방향을 가리키는 어휘 이해하기 공간관계를 이야기하고 이야기를 듣고 표현하기
활동자료	그림 자료(비행기, 나비, 물고기, 사자, 개미 등)
활동방법	1. 교사가 준비한 그림을 보여 준다. 2. 그림들 중에서 가장 높이 다니는 것은 무엇인지 이야기한다. 3. 그림들 중에서 가장 낮은 것은 무엇인지 이야기한다. 4. 보여 주는 그림카드를 보고 각각의 높이에 맞게 몸을 움직여 본다. 5. 각 그림카드의 내용에 맞게 가장 낮게, 낮게, 중간, 높게, 더 높이 차이가 나게 움직이는지 이야기한다.
연관활동	방향에 따라 움직이기 - 방향을 나타내는 그림카드를 준비한다. 방향 카드를 집으면 그 카드의 내용대로 움직여 본다. 위, 아래, 왼쪽, 오른쪽, 아래로 가다가 왼쪽, 돌아가기 등의 다양한 방향이 표시되도록 한다.

활동명	우리가 다녀온 곳
활동목표	견학을 다녀온 곳의 형태를 기억할 수 있다. 견학지의 모습을 사진자료를 이용해 재배치할 수 있다.
내용요소	위, 아래, 앞, 뒤, 옆, 꼭대기, 밑, 오른쪽, 왼쪽 등 방향을 가리키는 어휘 이해하기 참조물에 따른 위, 아래, 앞, 뒤 등 방향을 이해하기 공간관계를 나와 다른 사람의 관점에서 바라보기
활동자료	견학지에서 볼 수 있는 건물, 동상 등 사진자료
활동방법	1. 견학을 다녀온 후 견학을 다녀온 곳에 대해 이야기한다. 2. 유아들이 본 것은 무엇이었는지 말해 본다. 3. 견학지를 처음부터 마지막까지 본 순서대로 말해 본다. 4. 어느 곳에 있었는지 알아보고 사진 자료를 배치해 보도록 한다. 　"우리가 용산 가족 공원을 다녀왔는데 그곳에서 보았던 것들이 어떻게 있었는지 놓아 볼 수 있을까?" 5. 다른 유아들과 위치가 맞았는지 확인해 본다.
연관활동	가이드 되어 보기 - 기관이나 각 반에 대한 소개를 해 보는 경험을 한다. 손님이 있다고 가정하고 기관 곳곳을 소개하는 활동을 한다.

활동명	그림과 똑같이 만들기
활동목표	좌표상에서 그림의 위치에 관해 이야기할 수 있다. 좌표의 위치와 동일한 위치에 사물을 대응하는 경험을 한다.
내용요소	공간관계 예측하고 추론하기
활동자료	칸이 나누어진 그림판, 과일그림
활동방법	1. 칸이 나누어진 그림판에 과일을 배치한다. 2. 과일을 배치한 판에서 과일들의 위치를 확인한다. 3. 유아들이 과일을 기억한 후 다른 판에 원래의 판과 같이 과일을 배치해 보도록 한다. 4. 유아들이 배치한 것과 원래 교사가 보여 준 것을 비교해 본다. 5. 과일의 수를 늘려 가며 유아들이 각 사물의 위치를 잘 기억해 보도록 한다.
연관활동	무궁화 꽃이 피었습니다. – 유아들과 실외놀이에서 '무궁화 꽃이 피었습니다.'를 한다. 다만 동작으로 멈추기보다는 유아들의 위치를 바꾸어 선다. 술래가 바뀐 유아들의 위치를 찾아내도록 한다.

활동명	친구와 같은 동작을 해요
활동목표	친구와 재미있는 동작을 만들어 본다. 친구가 만든 동작을 보고 반대편에 서서 같은 동작을 표현할 수 있다.
내용요소	공간관계를 나와 다른 사람의 관점에서 바라보기 방향에 따른 대상과 물체의 모양과 움직임 이해하기
활동자료	동작 그림카드, 시작과 멈춤 신호
활동방법	1. 재미있게 몸을 움직여 볼 수 있는 그림카드를 준비한다. 2. 친구와 마주 선다. 3. 교사가 카드를 한 장 뽑으면 서로 마주 보고 있는 유아가 같은 동작을 한다. 4. 이때 마주 선 유아들끼리 손이나 발의 위치, 방향 등이 잘 맞는지 확인한다. 5. 서로 서 있는 위치에서 오른쪽은 어디인지, 왼쪽은 어디인지 이야기해 본다. 6. 동작을 바꾸어 가며 움직여 본다. 7. 활동이 끝난 후 같은 동작을 만들 때 불편한 점은 무엇인지 이야기한다.
연관활동	서로 다른 모양을 만든 친구는? – 유아들이 활동하는 모습을 찍은 후 TV를 통해 유아들의 동작을 살핀다. 화면 속에서 서로 다른 동작을 한 친구들은 어디인지, 어떤 곳이 틀렸는지 이야기한다. 서로 마주 보고 있는 위치이므로 오른손, 왼손을 든 친구는 누구인지, 상대편도 오른손, 왼손인지 확인해 본다.

활동명	빙글빙글 돌아가는 판
활동목표	모양 도장이 찍힌 순서를 기억할 수 있다. 기준점의 방향이 바뀌었을 때 나머지 그림의 방향을 예측하고 설명할 수 있다.
내용요소	형태와 형태의 변형에 대한 공간적 심상 형성하기 공간 관계에 관한 시각적 상 형성하기
활동자료	8칸으로 나누어진 원형 접시(돌림판), 원형접시와 같은 칸으로 나누어진 활동지, 모양도장
활동방법	1. 돌림판에 모양도장을 모양, 개수를 달리하여 찍는다(중간에 빈 칸을 둔다.). 2. 돌림판에 있는 모양을 하나 정한 후 그 모양이 90° 혹은 180°로 자리를 이동하면 다른 모양의 모습은 어떻게 될지 예측해 본다. 3. 유아들이 예측한 모양을 모양도장을 이용해 순서대로 찍어 본다. 4. 실제로 돌림판을 돌려 유아의 예상과 같은지 비교해 본다. 5. 실제로 돌려서 바뀐 자리의 모양도장을 돌림판을 보며 찍는다.
연관활동	어디에서 본 모습일까요? - 블록을 쌓아 모양을 만든다. 각 방향에 따라 사진을 찍는다. 사진을 보고 난 후 블록의 어느 방향에서 본 모습인지 알아본다.

활동명	세계 여행을 떠나요
활동목표	지도를 보며 세계 여러 나라의 위치를 찾아보는 경험을 한다. 우리나라와 가까운 나라와 먼 거리에 있는 나라를 비교해 본다.
내용요소	공간관계를 이야기하고 이야기를 듣고 표현하기 공간관계에 대한 이해와 느낌을 언어, 그림, 지도, 블록 등 다양한 매체와 형식으로 표현하기
활동자료	세계전도, 세계지도 복사본, 펜

활동방법	1. 유아들이 알고 있는 다른 나라 이름은 어떤 것이 있는지 이야기한다. 2. 유아들이 말한 나라 이름을 적고 세계전도에서 어느 곳에 있는지 함께 찾아본다. 3. 각 나라는 우리나라를 기준으로 어느 곳에 위치하고 있는지 이야기한다. 4. 각 팀별로 우리나라보다 아래에 있는 나라, 위쪽에 있는 나라, 우리나라와 같은 위도에 있는 나라들은 어떤 나라들인지 활동지에 표시한다. 5. 우리나라와 가장 가까운 나라에 가는 시간을 기준으로 다른 나라까지 비행기를 타고 갈 때 걸리는 시간을 예측해 본다.

연관활동	펄럭펄럭 만국기 – 여러 나라의 국기를 만든다. 비슷한 색이 있는 나라끼리 모아서 구분해 본다. 네덜란드, 프랑스, 이탈리아 등 섞어 놓고 특정 국가 국기를 찾아보도록 한다. 만국기로 엮으면서 반만 만들고 반은 앞에서 만든 순서를 보면서 만국기를 만들어 본다.

활동명	같은 모양을 그려요
활동목표	규칙적으로 찍힌 점을 잇는 선으로 만들어진 형태에 관심을 갖는다. 점과 점의 위치를 확인하며 같은 모양을 만들어 본다.
내용요소	공간관계에 대한 시각적 상 형성하기
활동자료	규칙적으로 배열된 점을 이어 선으로 그림이 그려진 활동지(점의 개수를 조절하여 난이도를 달리한다.)
활동방법	1. 점 사이로 그려진 그림을 살펴본다. 2. 어떤 모양의 그림인지 확인한다. 3. 그림의 일부분을 옆에 빈 그림에 옮겨 본다. 점의 위치와 선의 위치를 정확하게 짚어 가며 그린다. 4. 어려워하는 유아의 경우에는 기준이 되는 점을 정한 후에 그 점으로부터 왼쪽, 오른쪽, 위, 아래로 몇 칸이 이동하는지를 생각하며 그릴 수 도 있다.
연관활동	고무줄 지오보드 – 일정한 간격으로 박힌 못 판을 준비한다. 고무줄을 이용하여 여러 가지 모양을 만들어 본다. 그림카드에 있는 모양을 그대로 만들어 보거나 친구와 같은 형태로 만들어 본다.

활동명	도미노 놀이
활동목표	친구와 협력하여 도미노를 만들 수 있다. 도미노의 길이와 방향, 간격을 조절하며 다양하게 만들어 본다.
내용요소	공간관계 예측하고 추론하기 공간관계를 나와 다른 사람의 관점에서 바라보기
활동자료	도미노 그림판, 도미노
활동방법	1. 여러 가지 밑그림의 형태가 있는 도미노를 소개한다. 2. 도미노를 만드는 방법에 대해 이야기한다. "어떤 방법으로 해야 도미노가 될까? 어느 정도의 간격일 때 도미노가 넘어갈까?" 3. 출발지를 어디로 할 것인지 이야기한다. "만약 바깥쪽에서 출발한다면 어떨까?/만약 가장 안쪽에서부터 도미노를 놓기 시작한다면 어떨까?" 4. 출발지가 만약 두 곳이라도 도미노를 만들 때 불편함은 없는지 생각해 보고 만들어 본다. 5. 일정한 도미노의 모양을 만드는 데 도미노 판의 개수를 정해 놓고 배치해 본다(유아들이 도미노의 간격을 넓게, 좁게 변화시켜 보도록 한다.).  
연관활동	한 발 뛰기 – 술래는 제자리에 서고 다른 유아들은 한 발을 뛴다. 술래는 팔을 저어서 친구들의 몸을 만지면 이기게 된다. 보폭의 크기, 뛰어오는 거리와 속도들을 바꾸어 보며 한 발 뛰기 게임을 한다.

2. 활동 자료

기관에서 유아들과 함께 활동할 수 있는 자료를 준비하였다. 다음의 자료를 복사하여 오리거나 붙여 유아들의 공간적 이해를 돕는 활동으로 사용해 보자.

✎ 동물농장 친구들

- 동물농장에 사는 친구들이 어디에 살고 있는지 동물을 오려서 제자리에 놓아 보세요.
- 동물의 발자국 모양을 보고 놓아 보세요.
- 동물들이 말하는 곳의 위치를 보고 놓아 보세요.

동 물	발자국 모양

동　물	발자국 모양

동 물	내가 사는 곳

동 물	내가 사는 곳

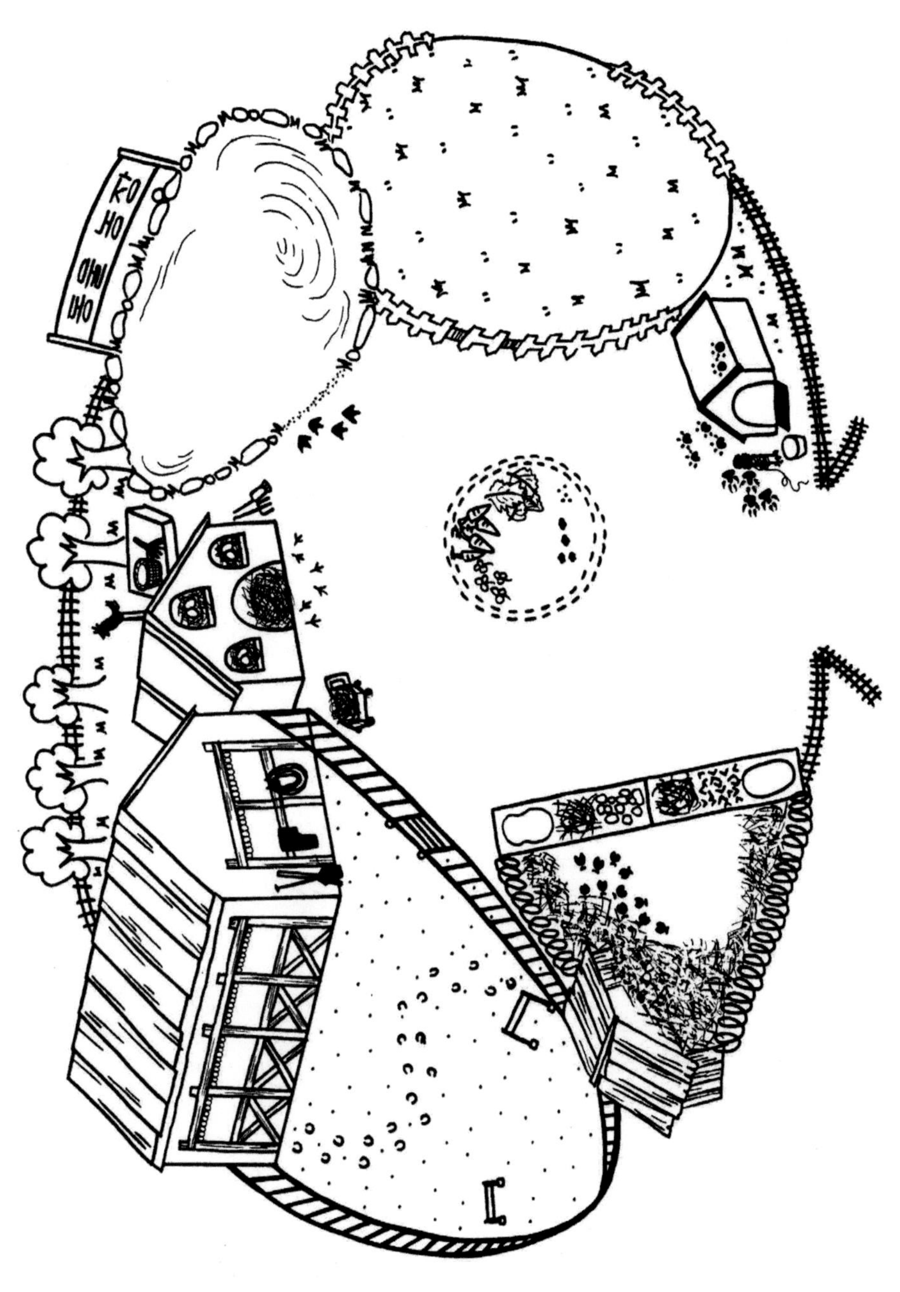

매점

- 동물원의 지도를 잘 살펴보세요.
- 동물들이 살고 있는 곳을 소개해 보세요.

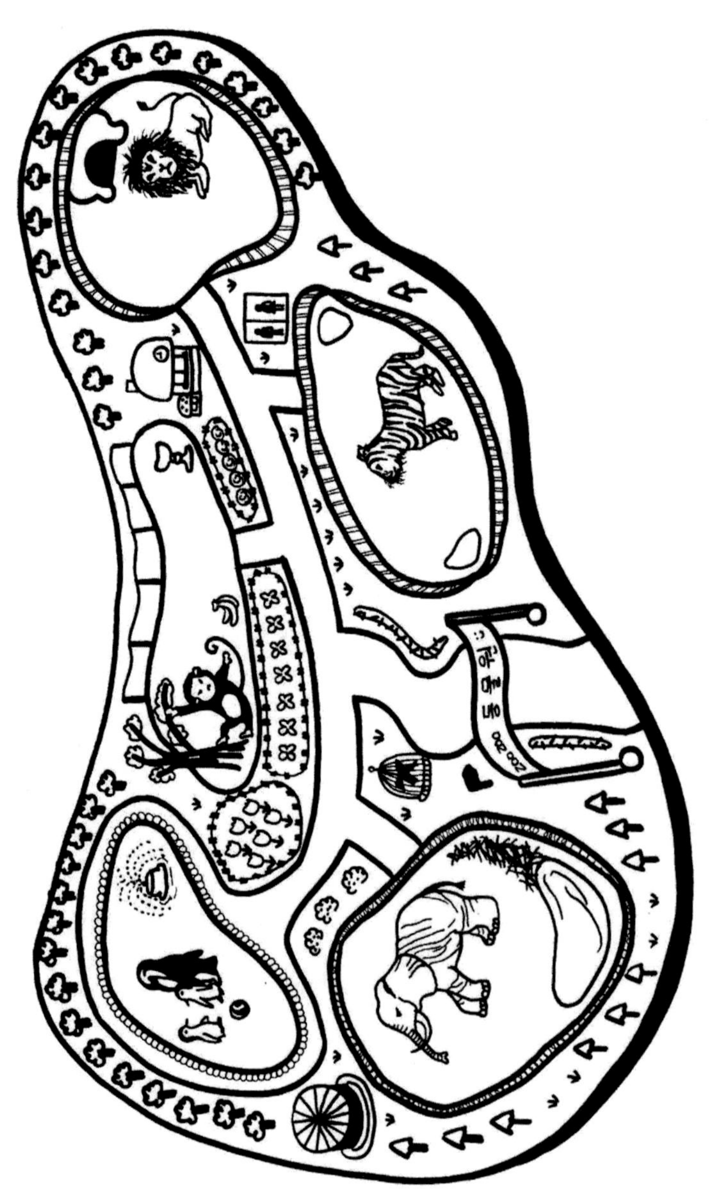

✐우리 집은 어디일까요?

- 버스가 마을 입구에 도착했어요.
- 버스에서 내리면 집으로 가야지요? 친구들이 말하는 집으로 데려가 주세요.

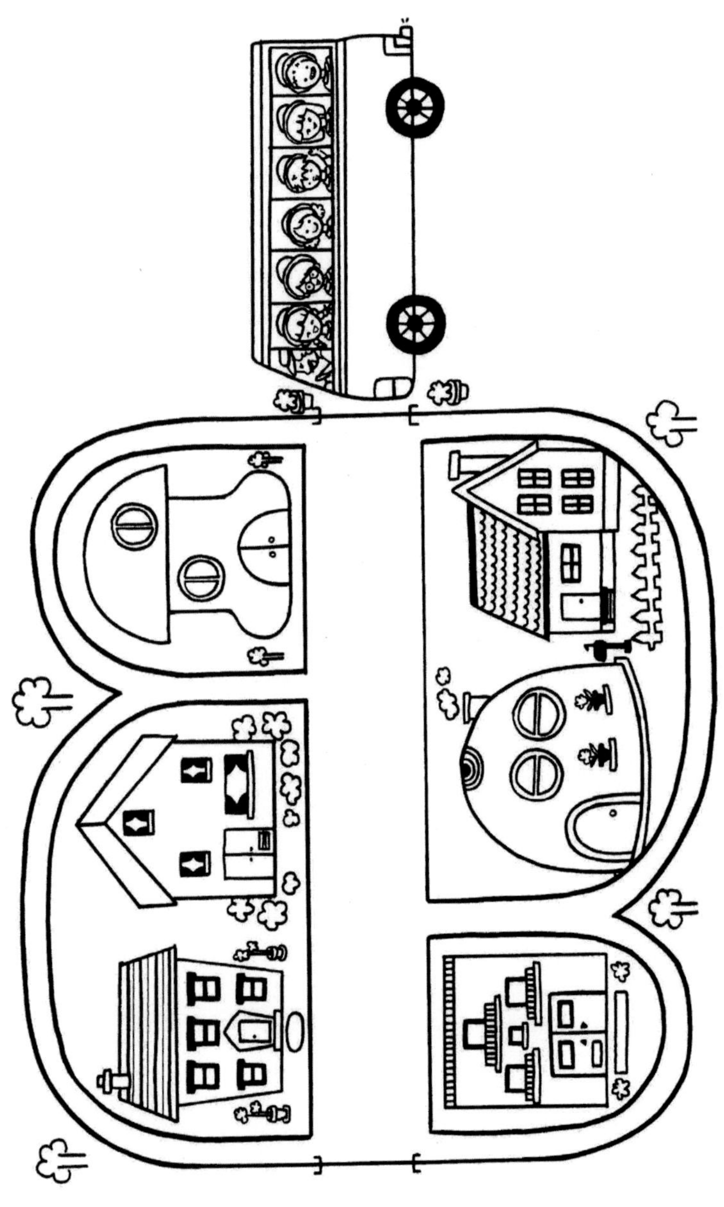

유아 1
유아 2
유아 3
우리 집은
버섯 모양이고
양쪽 옆에
나무가 있어.
우리 집은
네모이고 현관문
도 네모야.
창문이 네 개고
가장 안에 있어
우리 집은
둥근 모양이고
창문도 동그랗게
생겼어. 굴뚝도
있지
유아 4
유아 5
유아 6
우리 집은
창문이 다섯 개고
굴뚝도 있어.
가장 안쪽에 있고
버스에서 내리면
오른쪽이야.
우리 집
지붕에는 구불구
불한 무늬가 있고
버스에서 내리면
왼쪽에서 첫번째
집이야.
우리 집은
가운데 있고 집
앞에 꽃이 많아.
창문은 같은 모양
이 세 개 있어.

✎ 풍경화를 감상해요

- 풍경화를 감상하고 그 느낌에 대해 이야기해 보세요.
- 어느 곳이 여유롭게 느껴지는지 말해 보세요.
- 어느 곳이 복잡하게 느껴지는지 말해 보세요.
- 각각의 장소에서 할 수 있는 일에 대해 이야기해 보세요.

〈김정희, 세한도, 1844 추정〉

〈모네, Boulevard des Capucines, 1873 - 1874〉

✎물건을 사요

- 아래의 사야 할 품목의 카드를 고르세요.
- 마트의 약도를 살펴 입구와 출구를 찾아보세요.
- 물건을 사려면 어디를 들러야 하는지 짚어 보고 경로를 선으로 그리면서 품목에 산 것은 표시해 보세요.

사야할 것		확인
새우		
양파		
음료수		

사야 할 것		확인
당근		
기차		
삼겹살		

사야 할 것		확인
당근		
기차		
삼겹살		

사야 할 것		확인
인형		
오이		
우유		

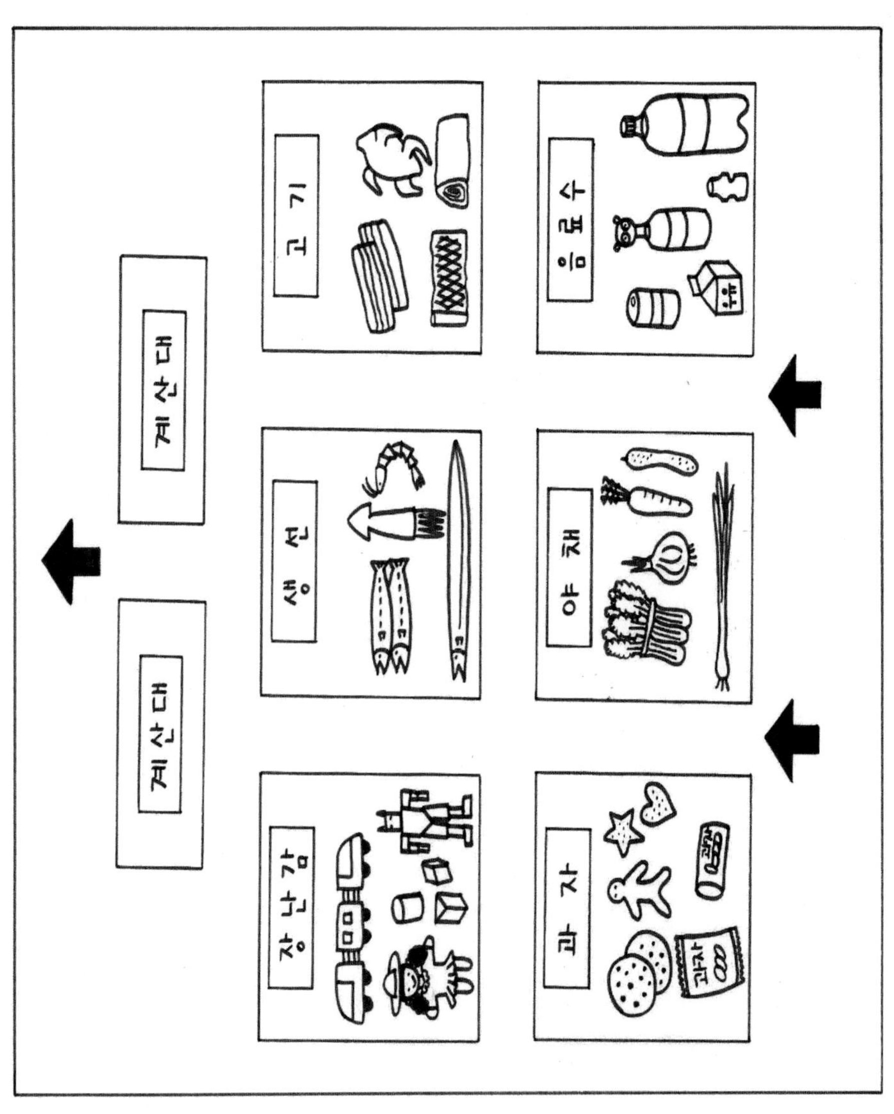
계산대
계산대
고기
음료수
생선
야채
장난감
과자

- 그림의 가로, 세로에 있는 선을 따라 오려 그림카드를 8장을 만드세요.
- 그림 카드 중에서 공통된 사물이 있는 카드 2장을 고르세요.
- 그림카드를 잠시 보여 준 뒤 2장의 카드의 다른 점과 같은 점을 이야기해 보세요.

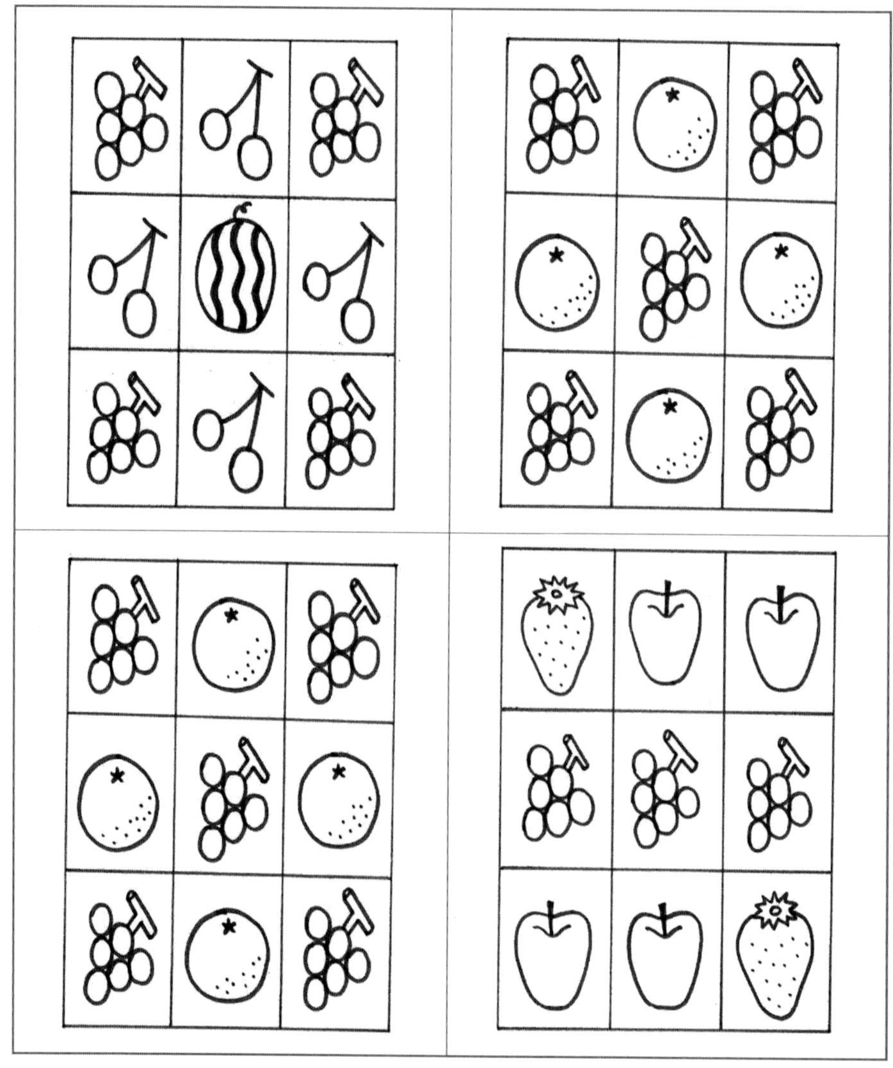

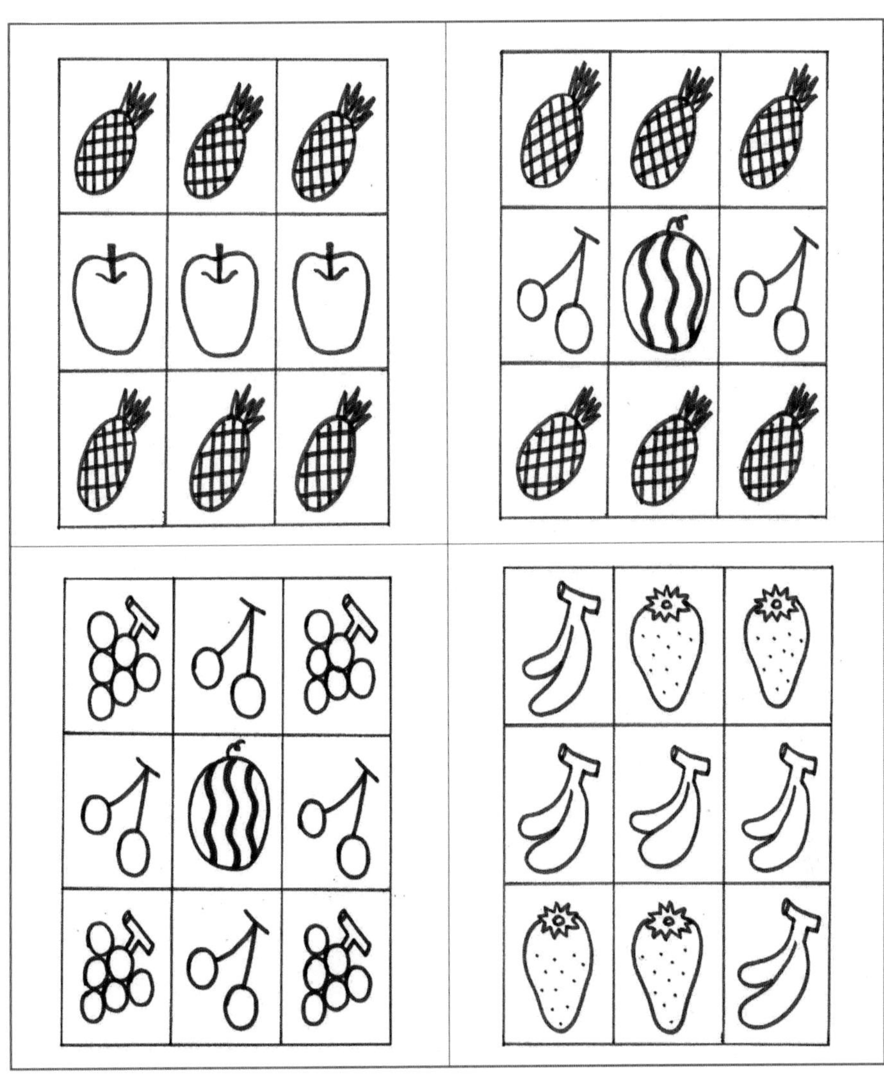

✐동작을 똑같이 해 보세요

- 그림카드를 잘라 8장을 만드세요.
- 그림카드를 뽑아 그림 내용을 설명하세요.
- 다른 친구는 설명을 듣고 동작을 그대로 만들어 보세요.
- 그림카드의 왼손, 오른손, 왼발, 오른발, 얼굴의 방향 등이 맞았는지
  확인해 보세요.

✐놀이터의 모습을 설명하세요

- 놀이터의 모습입니다. 어떤 놀이기구가 어디에 있는지, 친구들이 어떤 모습으로 놀고 있는지 설명해 보세요.
- 친구의 설명을 듣고 그림을 그려 보세요. 원래의 그림과 같은지 비교해 보세요.

✐놀이터의 모습을 설명하세요

✐원판을 돌려요

- 다음의 그림을 오려서 돌림판을 만드세요.
- 돌림판의 4곳에 점을 표시하세요. 각 기준점에 1, 2, 3, 4를 붙여도 좋습니다.
- 한 가지 동물을 정한 후(예: 말 - 1번에 있었다면) 그 동물이 다음 기준점까지(2번까지) 이동하면 코끼리의 위치는 어디까지 갈지 예측해 보세요. 유아의 예측이 끝난 후 실제로 돌려서 그 위치를 확인해 보세요.

- 다음의 두 그림처럼 도미노의 간격을 달리해서 놓아 보도록 하세요.
- 같은 개수의 도미노를 놓도록 하세요.
- 가장 넓은 간격으로 놓을 때는 얼마나 길어지나요?
- 가장 좁은 간격으로 놓을 때는 얼마나 짧아지나요?

참고문헌

고은아(1995). 미술과 타 교과의 연계학습에 관한 연구. 서울대학교 대학원 석사
    학위 논문.
구선희(1995). 목적물 맞추기 활동이 유아의 공간 개념 발달에 미치는 영향. 덕성
    여자대학교 대학원 석사학위 논문.
구수연(2005). 1－2세 영아 프로그램의 구성 및 운영. 한국영유아교원교육학회,
    춘계학술대회.
구자홍(2000). 고등학생들의 공간능력과 천체운동 개념과의 상관관계. 한국교원
    대학교 교육대학원 석사학위 논문.
국어대사전(1990). 이희승 편. 민중서림.
권미경(2002). 쌓기 놀이 경험정도에 따른 유아의 입체 지도 구성하기와 평면지
    도 그리기 능력에 관한 연구. 덕성여자 대학교 교육대학원 석사학위 논문.
권오남, 박경미, 임형, 허라금(1996). 공간능력에서의 성별차이에 관한 연구. 수학
    교육, 35(2). 125－141.
김경아(1998). 유아의 위치어 발달경향에 관한 연구. 덕성여자대학교 대학원 석사
    학위 논문.
김국태(1996). 칸트의 비판전기의 자연철학. 철학연구, 38(1), 107－122.
김국태(2005). 과학의 정체성과 포스트모더니즘의 도전. 철학탐구, 17, 47－63.
김범기, 이항로, 김기정(1996). 천문개념 성취도와 공간능력과의 상관관계에 대한
    연구. 초등과학교육, 15(2), 315－325.
김봉섭, 정진우, 양일호, 정지숙(1998). 공간능력, 시지각 회상능력, 학습양식에 따
    른 지구와 달의 운동개념. 한국초등과학교육학회지, 17(2), 103－111.
김성종(2005). 초등 미술에서 공간이해를 통한 입체표현 지도방안 연구. 경인교육
    대 교육대학원 석사학위 논문.
김수미(2003). 공간능력 연구를 위한 몇 가지 제안. 인천교육대학교 과학교육논
    총, 15, 101－118.
김순옥(1984). 아동의 좌우개념발달에 관한 연구. 중앙대학교 교육대학원 석사학
    위 논문.
김영옥, 홍혜경(2001). 유아사회교육과 수학교육의 통합적 접근을 위한 기초연구.

유아교육연구, 21(1), 27 - 49.

김영주(2003). 신체활동을 통한 수 교육활동이 만 5세 유아의 공간어휘획득에 미치는 영향. 중앙대학교 대학원 석사학위 논문.

김용직(2003). 언어능력과 공간시각화 능력이 수학문제 해결에 미치는 영향. 경인교육대학교 교육대학원 석사학위 논문.

김유미(2006). 뇌 발달 접근에서 본 유아교육의 방향. 유아교육연구, 26(4), 31 - 49.

김은심(2000). 유아 동작교육. 정민사.

김재일(2001). 초등학교 아동들의 공간인지에 관한 질적 연구. 대구대학교 교육대학원 석사학위 논문.

김정희, 김성숙, 김혜숙, 안금희, 이성도, 이주연, 황연주(2003). 미술교육과 문화. 학지사.

김지영(2005). NCTM의 수학교육 내용기준에 근거한 유아 수학능력 평가도구 개발. 원광대학교 대학원 박사학위 논문.

김진도(1999). 공간어휘에서의 의미적 대립관계. 중원인문과학논집, 20, 21 - 40.

김현, 김만(2005). 산책 후 공간표상방식이 유아의 공간능력에 미치는 영향 비교. 열린유아교육연구, 10, 83 - 102.

김현재, 윤호숙(1991). 아동의 위상적 공간 개념 형성에 관한 연구. 논문집, 25(2), 123 - 147.

김혜연(2004). 지도관련 활동이 유아의 공간조망능력에 미치는 영향. 중앙대학교 대학원 석사학위 논문.

김희선(2005). 신체활동이 유아의 공간 개념 형성에 미치는 영향. 중앙대학교 대학원 석사학위 논문.

나귀옥, 박현숙(2004). 유아 수학교육에서 기하교육에 대한 고찰. 인문과학논총, 14, 49 - 62.

노영희(1999). 통합교육을 위한 유치원 교육과정 계획의 조건 탐색. 유아교육논집, 3(2), 153 - 174.

마지현, 윤가현(1994). 정신적 회전에 대한 자극제시유형과 제시간격의 효과. 한국심리학회지: 실험 및 인지, 6, 63 - 76.

문현경, 박영신(2003). 유아들의 공간 축척에 대한 이해. 한국심리발달학회지: 발달, 16(3), 51 - 65.

박경현(1987). 현대 국어의 공간 개념어 연구. 한샘출판사.

박찬옥, 김영옥, 정미라(1997). 제5차 유치원 교육과정 평가연구, 유아교육연구, 17(2), 27 - 53.

서우석(1999). 공간이론의 산책34: 앙리 르페브르가 바라본 공간. 국토, 84 - 87.

서현순, 진명희(2004). 유아의 위상학적 공간 개념의 발달적 경향: 위상개념이해와 위상어휘 사용, 지시 듣고 이해하기 비교. 교육과학연구, 35(2), 23 - 41.

신명섭(1998). 공간이론의 산책13: 인본주의 지리학자 투안. 국토, 48 - 53.

신준식(1992). 공간과 시각화 학습이 수학적 문제해결력에 미치는 효과. 한국교원대학교 대학원 석사학위 논문.

안진경(2005). 유아 기하교육 프로그램의 개발 및 적용. 원광대학교 대학원 박사학위 논문.

양태식(1985). 국어의 차원낱말의 의미 구조. 부산대학교 대학원 박사학위 논문.

오승은(1989). 밀집현상과 인간행동의 관계 - 단기간의 실험연구 사례 중심으로 - . 심리연구, 27, 36 - 40.

오영묵(1999). 칸트의 공간 이론에 관한 비판적 분석. 논문집, 19(- 0), 271 - 278.

오채환(1989). 공간의 객관적 인식에 관한 연구. 동국대학교 대학원 석사학위 논문.

유은복(2000). '시공간'개념으로 본 사진적 주체의 근대성. 홍익대학교 대학원 석사학위 논문.

유재민(1998). 아리스토텔레스의 장소론. 숭실대학교 대학원 석사학위 논문.

윤경혜(1991). 5 - 11세 아동의 공간 개념 발달에 관한 연구. 이화여자 대학교 대학원 석사학위 논문.

이경우(1989). 새 수학교육. 창지사.

이경우, 신은수, 진명희, 홍혜경(1997). 유아수학 교육의 이론과 실제. 창지사.

이상훈, 김정오(1997). 주의가 암묵형태기억과 명료 형태 기억의 표상형성에 미치는 영향. 한국심리학회지: 실험 및 인지, 9(1), 47 - 60.

이석주(1996). 공간시각화를 위한 수학 학습자료 개발연구. 한국교원대학교 대학원 석사학위 논문.

이어령(2000). 공간의 기호학. 민음사.

이영심(1997). 유아 지각운동 프로그램 개발과 효과 검증. 중앙대학교 대학원 박사학위 논문.

이정욱(2003). 미술교육과 수학교육의 통합적 접근이 유아의 기하도형이해에 미치는 영향. 덕성여대 논문집, 32(-), 101 - 119(19번).

이진경(2000). 근대적 시, 공간의 탄생. 푸른숲.

이정희, 이지현(2004). NCTM 수학교육 내용기준에 관한 연구. 유아교육연구, 22(1), 125 - 141.

이지요(1994). 수학교육에서의 시각화에 관한 연구. 한국교원대학교 대학원 석사학위 논문.

임지룡(1984). 공간감각어의 의미 특성. 배달말, 9(1), 119 - 137.

임혜원(2003). 공간 개념의 은유적 확장연구 - 국어대화 말뭉치를 중심으로 - . 상명대학교 대학원 박사학위 논문.

정계숙, 김길숙(1998). 동작활동에 표현된 유아공간인식의 지능수준 간 비교. 유아교육논집, 8, 229 - 254.

정은경(2000). 유치원 유아들의 실외놀이에 관한 문화기술적 연구, 유아교육연구, 20(3), 126 - 143.

정정희, 최효정, 박춘희(2005). 다중지능이론에 기초한 미술교육 프로그램이 유아의 창의성과 공간능력에 미치는 효과. 아동학회지, 26(5), 217 - 232.

조미현(1982). Constructivism에서 비롯된 공간 개념에 관한 연구. 서울대학교 대학원 석사학위 논문.

조명래(1996). 탈근대의 공간 환경과 삶. 사회과학, 35(1), 283 - 315.

조은진, 안남이(2002). 지리적 체험활동 프로그램이 유아의 지리 개념 형성에 미치는 영향. 아동학회지, 23(6), 81 - 101.

조채영, 하정연(2006). 생태유아교육기관의 생활공간에 관한 문화기술적 연구. 유아교육연구, 26(5), 209 - 234.

최낭수(2001). 효율적 지도교육을 위한 아동의 공간표상능력에 대한 접근. 지리학연구, 35(4). 325 - 333.

최병두(1997). 공간 이론의 산책 10: 데이비드 하비의 정치경제학적 공간이론. 국토, 96 - 100.

최현주(1998). 세르의 소통이론과 객관적 선험의 발생 - 플라톤, 데카르트, 라이프니쯔 해석을 중심으로 - . 서강대학교 대학원 석사학위 논문.

최혜라(1991). 지각운동 기능 활동이 잠재적 학습부진아의 학습준비도 향상에 미치는 효과에 관한 연구. 이화여자 대학교 대학원 박사학위 논문.

표준어 국어대사전(2002). 국립 국어 연구원. 두산 동아 국어사전. http://www.encyber.com/kordic/에서 2006. 9. 20일 출력.

한승숙(2002). 사회과 현장학습이 아동의 공간 인지력 향상에 미치는 영향: 초등학교 3학년 아동을 중심으로. 서울 교육대학교 교육대학원 석사학위 논문.

한유미(2002). 미술을 통한 수학교육이 유아의 수학적 지식과 태도에 미치는 영향. 유아교육연구, 22(2).

한종화(2003). 탐구중심 유아 수학교육 프로그램의 구성 및 적용효과. 중앙대학교 대학원 박사학위 논문.

홍기선(2003). 언어와 사고: 보편적 인지와 개별언어의 상호작용. 담화 · 인지언어학회 제 17회 정기학술대회 자료집, 3 - 13. 담화 · 인지언어학회.

홍은주(1997). 유아의 목표물 맞추기 활동을 통한 물리적 지식 발달양상. 이화여자대학교 대학원 석사학위 논문.

홍우람(2001). 데카르트의 시각이론과 기하학적 자연학. 서강대학교 대학원 석사학위 논문.

홍혜경(1999). 유아의 공간능력 증진을 위한 교육과정 모색. 유아교육연구, 3(1), 119 – 138.

______(2004). 유아 – 초등 저학년의 연계적 수학교육과정을 위한 기초연구. 유아교육연구, 24(2), 289 – 310.

______(2005). 유아과학교육과 수학교육의 통합적 접근을 위한 기초연구. 유아교육연구, 9(4), 153 – 169.

황순각(2000). 유아 신체활동 프로그램의 구성 및 효과. 중앙대학교 대학원 박사학위 논문.

황순우(2001). 칸트의 범주의 객관성. 철학연구, 51(1), 145 – 164.

현민숙(2000). 지도그리기 활동이 유아의 위상학적 이해에 미치는 영향. 중앙대학교 교육대학원 석사학위 논문.

山貞登(1991). 공간학에의 초대: 공간은 인간을 인간은 공간을 만든다. (최광렬 역). 서울: 전파과학사(원전은 1956년에 출판).

小林盛太(2004). 건축미의 과학적 탐구. (김동영 역). 보문당(원전은 1991년에 출판).

Allen, G. L.(1999). Children's control of reference systems in spatial tacks: Foundations of spatial cognitive skill? *Spatial Cognition and Computation, 1,* 413 – 429.

Andrews, A. G.(1996). Developing spatial sense – a moving experience! *Teaching Children Mathematics,* 2, 290 – 293.

Baenninger, M., & Newcombe, N.(1995). Environmental in put to the development of sex – related differences in spatial and mathematical ability. *Learning and individual differences,* 7, 369 – 379.

Bailey, R. A., & Burton, E. C.(1982). The dynamic infant: Activities to enhance infant and toddler development. Redleaf Press.

Battaista, M. T.(1990). Spatial visualization and gender differences in high school geometry. *Journal for Research in Mathematics Education.* 21, 47 – 60.

Barnes, J.(1989). 아리스토텔레스의 철학. (문계석 역). 서울: 서광사(원전은 1982년 출판).

Baum, A., Aiello, J. R & Calesnick, L. E.(1978). Crowding and personal control: Social destiny and the development of learned helplessness, *Journal of personality and Social Psychology,* 36(9), 1000 – 1011.

Ben – Chaim, D., Lappan, G., & Houang, T.(1988). The effect of instruction on spatial visualization skills of middle school boys and girls. *American Educational Research Journal,* 25, 51 – 71.

Berlin, D. F., & White, A. L.(1993). *Integration of Science and Mathematics: What parents can do*. Columbus, OH: National Center for Science Teaching and Learning(ERIC No, ED 366508).

Berlin, D. F., & White, A. L.(1995). Connecting school science and mathematics. In P. A. House & A. F. Oxford(Eds.). Connecting Mathematics across the Curriculum. Reston, VA: NCTM.

Bickley－Green, C. A.(1995). Math and curriculum integration: A post－modern foundation. *Studies in Art Education, 37*, 6－18.

Biller, J.(1995). Math in art or art in math paper presented at the Annual National Conference on Liberal Arts and Education of Artists(9th, New York, NY, Oct. 18－21).

Bishop, A, J.(1979). Visualizing and mathematics in a Pre－Technological culture. *Educational Studies in Mathematics, 10*(2), 135－146.

Blades, M., & Spencer, C.(1994). The development of children's ability to use spatial representations. In H. W. Reese(Ed.), *Advances in child development and behavior*(vol 25, 157－199). San Diego: Academic Press.

Blaut J. M., Stea D., Spencer C., & Blades M.(2003). Mapping as a Cultural and Cognitive Universal. *Annals of the Association os American Geographers. 93*(1), 165－185.

Blaut, J. M.(1997a). The Mapping Abilities of Young Children: Children can. *Annals of the Association of American Geographers, 87*(1), 152－158.

Blaut, J. M.(1997b). Piagetian pessimimism and the mapping abilities of young children: A rejoinder to Liben and Downs. *Annals of the Association of American Geographers 87*, 168－177.

Blaut, J. M.(1999). Maps and Spaces. *Professional Geographer, 51*(4), 510－515.

Blaut, J. M., & Stea, D.(1974). Mapping at the age of three. *Journal of Geography, 73*, 5－9.

Blumberg, F. C., & Torenberg, M.(2005). The Effects of spatial configuration on preschoolers' attention strategies, selective attention, and incidental learning. *Infant and Child Development, 14*, 243－258.

Bowerman, M.(1996). *Learning how to structure space for languag: A crosslinguistic perspective*. Language and space. Cambridge: MIT Press.

Browning, C. A., & Channell, D. E.(1992). Problem solving with cubes. *Mathematicals Teacher, 85*(6), 447－460.

Caldera, Y. M., McDonald Culp, A., O'Brien, M., Truglio, R. T., Alvarez, M., & Huston, A. C.(1999). Children's play preferences, construction play with blocks, and visual－spatial skills: Are they related? *International Journal of Behavioral Development, 23*(4), 855－872.

Casey, B., Kersh, J. E., & Young, J. M.(2004). Storytelling sagas: an effective medium for teaching early childhood mathematics. *Early Childhood Research Quarterly, 19,* 167－172.

Casey, M., Nuttall, R., & Pezaris, E.(1997). Mediators of gender differences in mathematics college entrance test scores: A comparison of spatial skills with internalized beliefs and axieties. *Developmental Psychology, 33*(4), 669－680.

Cassirer. E.(1988). 인간이란 무엇인가－문화철학서설[An Essay on man]. (최명관 역). 서광사(원전은 1944년에 출판).

Charlesworth, R. & Lind, K.(2003). *Math and Science for the young children(4th).* Thomson Delmar Learning.

Choi, S., & Bowerman, M.(1991). Learning to express motion events in English and Korean. *Cognitive Development, 14,* 241－268.

Clark, G.(1989). Screening and identifying student's drawing as measures of art abilities. Studies in Art Education: *a Journal of Issues and Research, 34,* 72－81.

Clements, D. H.(1998). *Geometric and spatial thinking in young children.* National Science Foundation, Arlington, VA.

Clements, D. H.(2003). *Geometric and spatial thinking in early childhood education.* In D. H. Clements, & A. M. Dibiase(Eds.), Engaging young children in mathematics: Finding of the 2000 national conference on standard for preschool and kindergarten mathematics education. NJ: Lawrence Erlbaum Associates.

Clements, D. H., & Battista, M. T.(1992). *Geometry and spatial reasoning.* In Handbook of Research on Mathematics Teaching and Learning, edited by Douglas A. Grouws, 420－464. New York: Macmillan Publishing Co., and Reston, VA: NCTM.

Clements, D. H., & Sarama, J.(2000). Young children's ideas about geometric shapes. *Teaching Children Mathematics, 6*(8), 482－488.

Clements, D. H., & Sarama, J.(2005). Think math! *Scholastic Parent and Child. Oct, 25.*

Codd, J., & Bialystok, E.(1985). Resolving ambiguity from competing spatial frames of reference(ERIC Document Reproduction Service No, ED. 258 704).

Cooper, L. A.(1975). Mental rotation of random two－dimensional shapes. *Cognitive*

Psychology, 7, 20 – 43.

Cooper, L. A.(1976). Demonstration of a mental analog of an external rotation. *Perception and Psychophysics, 19*, 296 – 302.

Cooper, L. A., & Shepard, R. N.(1973). Chronometric studies of the rotation of mental images. In W. G. Chase(Eds.), Visual information processing, 75 – 176. New York: Academic Press.

Copley, J. V.(2000). *The Young Child and Mathematics.* Reston, Virginia; National Council of Teaching of Mathematics.

Coxford, A. F.(1978). Research directions in geometry. In Recent Research concerning the development of spatial and geometric Concepts. edited by Richard Lesh. Columbus, Ohio.

Del Grande.(1987). *Spatial perception and primary geometry.* Learning and teaching geometry K – 12. NCTM. 1987 yearbook. 126 – 135.

DeLoache, J. S.(1987). Rapid change in the symbolic functioning of very young children. *Science, 238*, 1556 – 1557.

Eliot, J., & Smith, I.(1983). *An intenational directory of spatial tests.* Atlantic Highlands, NJ: Humanities Press, Inc.

French, J. W.(1951). *The description of aptitude and achievement tests in terms of rotated factors.* Psychometric Monographs(no.5). Chicago: University of Chicago Press.

Freud, A., & Burlingham, D. T.(1944). *Infants without families.* New York: International Universities Press.

Frostig, M., & Horne, D.(1972). *Pictures and patterns.* Chicago: Follett Publishing Co.

Fuys, D. J., & Liebov, A. K.(1993). *Geometry and spatial sense.* Reston, VA: NCTM.

Gabbard, C.(1988). Early childhood physical education, The essential elements. Journal of physical Education, *Recreation and Dance.* 9, 65 – 69.

Gallahue, D. L.(1998). *Understanding motor development in children.* John Wiley & Sons, Inc.

Gardner, H.(1983). *Frames of mind:* Theory of multiple intelligence. New York: Basic Books.

Garnder, H.(2006). 하워드 가드너 다중지능[Mulpiple intelligence]. (문용린, 유경재 옮김). 웅진 지식하우스.

Gelman, R., & Gallistel, C. R.(1978). *The child's understanding of number.* MA: Havard University Press.

Golebeck, S. L.(2005). Building Foundations for spatial literacy in early childhood. *Young Children*, nov, 72 – 83.

Guitierrez, A., & Jaime, A.(1993). An analysis of the students use of images when making or imaging movements of polyhedra. In H. Ichici, N. Nobohiko, S. Keiichi & L. Fou − Lai(Eds). *Proceeding of the Seventeenth International Conference for Psychology of Mathematics Education*, Tsukuba, Japan. 2(−), 153 − 160.

Hall, E.(2005). 침묵의 언어[The Silent Language]. (최효선 역) 2005한길사(원전은 1959에 출판).

Halpern, E., Corrigan, R., & Aviezer, O.(1983). In, on, and under: Examing the relationship between cognitive and language skills. *International Journal of Behavioral Development. 6,* 153 − 166.

Hannibal, M. A. Z., Vasiliev, R., & Lin, Q.(2002). Teaching young children basic concepts of geography: A literature − based approach. *Early Childhood Education Journal, 30*(2), 81 − 86.

Hatcher, & Babara.(1979). Essential map concepts for young children. In Paper presentation at Annual Conference of the National Association for the Education of Young Children. Atlanta, GA, Nov, 9. ED 193103.

Hermer − Vazquez. L., Moffet. A., & Munkholm. P.(2000). Language, space, and the development of cognitive flexibility in human: the case of two spatial memory tasks. *Cognition, 79,* 263 − 299.

Höffe, O.(1997). 임마누엘 칸트[Immanual Kant]. (이상헌 역). 문예출판사(원전은 1983 출판).

Hoffer, A. R.(1977). *Mathematics resource project:* Geometry and visualization. Palo Alto, Calif: Creative Publications.

Huttenlocher, J., Levinson, S, C., & Vevea, J.(1998). Environmental effects on cognitive growth: Evidence from time period comparisons. *Child Development, 69,* 1012 − 1029.

Huttenlocher, J., Newcombe, N., & Sandberg, E. H.(1994). The coding of spatial in young children. *Cognitive Psychology, 27,* 115 − 148.

Huttenlocher, J., Newcombe, N., & Vasilyeva.(1999). Spatial scalingin young children. *Psychological Science, 10*(5), 393 − 398.

Izard, J.(1990). Developing spatial skills with three − dimensional puzzles. *Arithmetic Teacher, 37*(6), 44 − 47.

Johnson, E., & Meade, A. C.(1987). Developmental patterns of spatial ability: An early sex difference. *Child Development, 58,* 725 − 740.

Kennedy, L. M., Tipps, S., & Johnson, A.(2004). *Guiding Children's Learning of Mathematics.* Wadsworth, a division of Thomson Learning, Inc.

Kephart, N. C.(1971). *The slow learne Cin the classroom.* Charles E. Me rill Publishing Company.

Kern, S.(1983). 시간과 공간의 문화사. (박성관 역). 서울: 휴머니스트.

Kohl, M. F., & Gainer, C.(1996). *Math Arts:* Exploring math through act for 3 to 6 years olds. Beltsvlle, MD: Gryphon House, Inc.

Kosslyn, S.(1983). *Ghosts in the mind's machine.* New York: W. W. Norton & Co.

Kosslyn, S. M.(1987). Seeing and imaging un the cerebral hemispheres: A computational approach. *Psychological Review, 94,* 148 – 175.

Landau, B., & Jackendoff, R.(1993). 'What' and 'where' in spatial language and spatial cognition. *Behavioral and Brain Science, 16,* 217 – 238.

Lean, G. & Clements, M. A.(1981). Spatial ability, visual imagery, and mathematical performance. *Educational Studies in mathematics, 12,* 267 – 299.

Lesh, R.(1978). Resent research concerning the development of spatial and geometric concepts. Columbus, OH: ERIC/SMEAC Center for Science, Mathematics, and Environmental Education.

Levinson, S. C.(1996). *Frames of reference and Molyneux's question: crosslinguistic evidence.* Language and Space. Cambridge: MIT Press.

Levinson, S. C.(2003). *Space in language and cognition.* Cambridge University Press.

Liben, L. S.(1981). Spatial representation and behavior: Multiple perspectives. In L. S. Liben, A. H. Patterson across the life span: Theory and application(pp.3 – 36). New York: Academic Press.

Liben, L. S., & Downs, R. M.(1989). *Understanding maps as symbols: The development of maps concepts in children.* In H. W. Reese, ed., Advances in child Development and Behavior, 22. New York: Academic Press.

Liben, L. S., & Downs, R. M.(1993). Understanding person – space – map relations: cartographic and developmental perspectives. *Developmental Psychology, 29,* 739 – 752.

Liben, L. S., & Yekel, C. A.(1996). Preschoolers' understanding of plan and oblique maps: The role of geometric and representational correspondence. *Chile Development, 67,* 2780 – 2796.

Linn, M. C. & Peterson, A. C.(1985). Emergence and characterozation of sex differences in spatial ability: A meta – analysis. *Child Development, 56,* 1479 – 1498.

Loewenstein J and Gentner. D.(2005). Relational language and the development of relational mapping. *Cognitive Psychology, 50,* 315 – 353.

Lohman, D. F.(1979). Spatial ability: A review and reanalysis of the correlational literature. Stanford CA: Aptitude Research Project. School of Education. Stanford University.

Lowenfeld, V.(1947). *Creative and mental growth.* New York: Macmillan.

Lowenfeld, V., & Brittain, W.(1982). *Creative and mental growth*(7th ed.). New York: Macmillan.

Lyman, S. M., & Scott, M. B.(1963). Territoriality: A neglected sociological dimention. *Social Problems, 15,* 236 – 249.

Mach, E.(1901). Space and geometry in light of psychological, and physical inquiry. Chicago.

Malchiodi, C. A(2001). 아동미술심리이해[Understanding children's drawings]. (김동연, 이재연, 홍은주 공역). 학지사(원전은 1998년에 출판).

Martin, J. L.(1976). A test with selected topological properties of Piaget's hypothesis concerning the spatial representation of the young child. *Journal for Research in Mathematics Education, 7,* 26 – 37.

Maxim, G. W.(1997). Developmentally appropriate map skills instruction. *Childhood Education, 73*(4), 206 – 211.

McArthur, J. M., & Wellner, K. L.(1996). Reexamining spatial ability within a Piagetian framework. *Journal of Research in Science Teaching, 33*(10), 1065 – 1082.

McGee, M. G.(1979). Human spatial abilities: Psychometric studies and environmental, genetic, hormonal, and neurological influences. *Psychological Bulletin, 86,* (5), 889 – 918.

Miller, G. A.(1998). *Psychology: The science of mental life.* New York: Adams – Bannister – Cox.

Milner, B.(1980). *Complementary functional specializations of the human cerebral hemisperes.* In Levi – Montalvini(Ed). Nerve cells, transmitters and behaviour. Vatican City, Pontificia Academia Scientiarum.

Morgan, J.(1998). Visual mathematics. *Black Issues in Higher Education, 41*(3), 208 – 227.

Moses, B.(1980). The relationship between visual thinking task and problem – solving performance. Paper presented at the Annual Meeting of the American Educational Research Association. Boston, April.

Musick, J. S.(1978). *The role of motor activity young children's understanding of spatial concepts.* In Recent Research Concerning the Development of Spatial and

Geometric Concepts. Edited by Richard Lesh, 85 – 104. Columbus, Ohio.

Nardini. M., Burgess. N., Breckenridge. K., & Atkinson J.(2005). Differential developmental trajectories for egocentric, environmental and intrinsic frames of reference in spatial memory. *Cognition xx, 1 – 20.*

National Council of Teachers of Mathematics(1989). *Curriculum and evaluation Standards for School Mathematics.* Reston, Va: National Council of Teachers of Mathematics.

_______(2000). Principles and standards for school mathematics. Reston, VA: National Council of Teachers of Mathematics.

Ness, D.(2001). The development of spatial thinking, emergent geometric concepts and architectural principles in the everyday context. Columbia University Phd.

Ness, D.(2004). Mapping for Geographic awareness: part 1. *Science Scope, 28*(3), 48 – 50.

Newcombe, N and Sanderson, H. L.(1993). The relation between preschooler' everyday activity and spatial ability. Biennial Meeting of the society for research in child development, 60th, New Orleans, LA, March 25 – 28.

Newcombe, N. S., & Huttrnlocher, J.(2003). Making space: the development of spatial representation and reasoning. The MIT Press.

Orde, B. J.(1997). Drawing as visual – perceptional and spatial ability training. In Proceedings of selected research and development presentations at the 1997 National Convention of the Association for Educational Communication and Technology(19th). Albuquerque, NM, Feb, 14 – 18.

Owens, D. T.(1990). Spatial abilities. *Arithmetic Teacher, 37*(6), 48 – 51.

Pederson, E.(1995). Language and context, language as means: Spatial cognition and habitual language use. *Cognitive linguistics, 6, 33 – 62.*

Piaget, J., & Inhelder, B.(1967). *The child's conception of space.* New York: Norton.

Pica, R.(1991). *Early elementary children moving & learning.* Human Kinetics Books.

Pinxten, R., van Dooren, E., & Harvey, F.(1983). *The anthropology of space:* Explorations into the netural philosophy and semantics of Najavo. Philadelphia: University of Pennsylvania Press.

Reber, C., & Halverson, L. E.(1984). *Teaching dance technique to children.* Palo Alto, CA: Mayfield.

Poincaré, H.(1901). *Science and Hypothesis.* New York.

Pribyl, Jj. R., & Bodner, G. M.(1987). Spatial ability and its role in organic chemistry: A study of four organic course. *Journal of Research in Science*

Teaching, 24(3), 229 – 240.

Robert, M., & Heroux, G.(2004). Visuo – spatial play experience: Forerunner of visuo – spatial achievement in preadolescent and adolescent boys and girls? *Infant and Child Development, 13*, 49 – 78.

Robinson, H. & Spodeck, B.(1965). *New directions in the kindergarten.* New York: Teachers College Press.

Rosser, R. A., Campbell, K. P., Horan, P. F.(2001). The differerntial salience of spatial information features in the geometric reproductions of young children. *The journal of genetic Psychology, 147*(4), 447 – 455.

Rovighi, S. V.(2004). 인식론의 역사[Gnoseologia]. (이재룡 역). 가톨릭 대학교 출판부(원전은 1963년에 출판).

Seefeldt, C.(1997). *Social Studies for the Preschool – Primary child*(5th Ed.), Macmillan, Upper Saddle River, NJ.

Sgroi, R. J.(1990). Communicating about spatial relationships. *Arithmetic Teacher, 37*(6), 21 – 23.

Shaw, J. M.(1990). Spatial sense. *Arithematic Teacher, 37*(6). 4 – 5.

Skemp, R.(1987). The psychology of mathematics learning. Hillisdale, N.J.: Lawrence Erlbaum associates.

Siegler, R. S.(1998). *Children's thinking*(3rd ed). Upper Saddle River, NJ: Prentice – Hall.

Silver, R.(1996). Gender difference and silmilarities in the spatial ability of adolescents. Art Therapy: *Journal of the American Art Theraphy Association, 13*(2), 118 – 120.

Smith, S. S.(1997). *Early Childhood Mathematics.* Boston, MA: Allyn and Bacon.

Sommer, R.(1987). 개인의 공간[Personal space]. (이경회, 김정태 공역), 기문당.

Tartre, L. A.(1990). Spatial orientation skill and mathematical problem solving. *Journal for Research in Mathematics Education, 21*(3), 216 – 229.

Tejeda, C.(2000). Mapping Social Space: A study of spatial production in elementary classroom. University of California Ph. D.

Thurstone, L. L.(1938). *Primary mental abilities.* Chicago: University of Chicago Press.

Thurstone, L. L.(1950). Manual for the SRA primary mental abilities. Chicago: Science Research Associates.

Tillotson, M. L.(1985). The effect of instruction in spatial visualization on spatial abilities and mathematical problem solving(Doctoral dissertation, University of Florida, 1984). *Dissertation Abstracts International,* 45A, 2792.

Tracy, d. M.(1990). Toy−playing behavior, sex−role orientation, spatial ability, and science achievement. *Journal of Research in Science Teaching,* 27, 637−649.

Turner, R.(1982). An investigation of the role of spatial performance. Learning style, and Kinetic imagenery in the learning of Calculus. Ph. D. diss. Purdue University.

Werthessen, H. W.(1999). Instruction in spatial skills and its effect on self−efficacy and achievement in mental rotational and spatial visualization. Columbia University Teachers College. Ed. D.

Wheatley G. H.(1990). Spatial sense and mathematics learning. *The Arithmetic Teacher,* 37(6) 10−11.

Wheatley, G. H., & Reynolds, A. M.(1999). "Image maker": Developing spatial sense. *Teaching Children Mathematics,* 5(6), 374−378.

Willats, J.(1977). *How children learn to represent three−dimensional space in drawing.* In G. Butterwoth(Eds.). The child's representation of the world, 367−382. New York: Plenum.

Williams, H. G.(1983). *Perceptional and motor development.* Prentice−Hall, Inc., Englewood Cliffs, N.J. 07632.

Yakel, E., & Wheatley, G. H.(1990). Promoting visual imagery in young pupils. *Arithmetic Teacher,* 37(6), 52−58.

Yakimmanskaya, I. S.(1991). The Development of spatial thinking in school children. *Soviet studies in Mathematics Education.* Vol 3. Reston, VA: National Council of Teachers of Mathematics.

Zimmermann, W., & Cunningham, S.(1991). *Visualization in teaching and learning mathematics.* A Project sponsored by the Committee on Computers in Mathematics Education of the Mathematical Association of America. Library of congress number: 90−063690.

이혜경 ──

▌약 력

중앙대학교 일반대학원 유아교육과(문학 석사)
중앙대학교 유아교육과(문학 박사)
여림유치원 교사
중앙대학교, 을지대학교, 경인교육대학교 및
수원대학교 교육대학원, 가톨릭대학교 교육대학원,
아주대학교 교육대학원 출강
새이화어린이집 시설장
현) 아주대학교 교육대학원 교수

▌주요 논문 및 저서

「유아의 포괄적 공간능력 증진 프로그램 구성 및 적용」
「이야기 나누기에 나타난 교사의 발문수준과 사용에 관한 연구」
「교사의 유아행동지도 전략에 대한 예비교사의 반성적 사고」
『통합적 교과운영의 실제』(공저, 파란마음)
『어린이집에서의 1세 영아의 보육교사, 또래와의 관계형성 이해』(공저, 한국학술정보)
　외 다수

김경란 ──

▌약 력

성신여자대학교 일반대학원 교육학과(교육학 석사)
중앙대학교 일반대학원 유아교육과(문학 석사)
중앙대학교 유아교육과(문학 박사)
삼성생명 공익재단 신당삼성어린이집 개원, 원장
양지어린이집 개원, 원장
학교법인 성신학원 성신유치원 원감
경원대학교, 성신여자대학교, 중앙대학교 출강
현) 광주여자대학교 유아교육과 조교수

▌주요 논문 및 저서

「유아놀이 행동유형과 제변인에 대한 연구」
「쌓기 놀이 영역에서 교사의 개입이 유아의 공간조망 능력에 미치는 영향」
「영아의 몸짓언어 이해를 통한 보육교사와의 애착형성과정 탐색」
「시설장과 보육교사의 평가인증 참여 및 만족도 분석」
『영아교육활동자료집 Ⅰ, Ⅱ, Ⅲ』(공저, 한국어린이육영회)
『유아미술교육』(공저, 창지사)
『어린이집에서의 1세 영아의 보육교사, 또래와의 관계형성 이해』(공저, 한국학술정보)
　외 다수

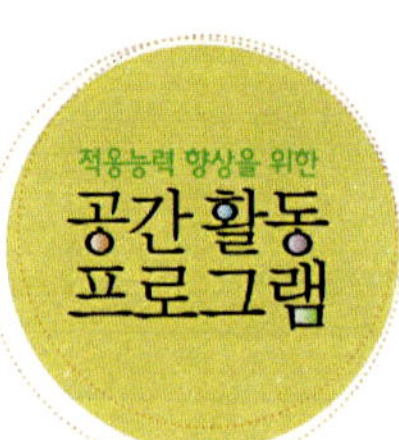

초판인쇄 | 2010년 2월 25일
초판발행 | 2010년 2월 25일

지은이 | 이혜경·김경란
펴낸이 | 채종준
펴낸곳 | 한국학술정보㈜
주　소 | 경기도 파주시 교하읍 문발리 파주출판문화정보산업단지 513-5
전　화 | 031) 908-3181(대표)
팩　스 | 031) 908-3189
홈페이지 | http://www.kstudy.com
E-mail | 출판사업부　publish@kstudy.com
등　록 | 제일산-115호(2000. 6. 19)

ISBN　978-89-268-0938-9 93370 (Paper Book)
　　　　978-89-268-0939-6 98370 (e-Book)

이담 Books 는 한국학술정보(주)의 지식실용서 브랜드입니다.